Découvrez l'histoire par les archives de presse

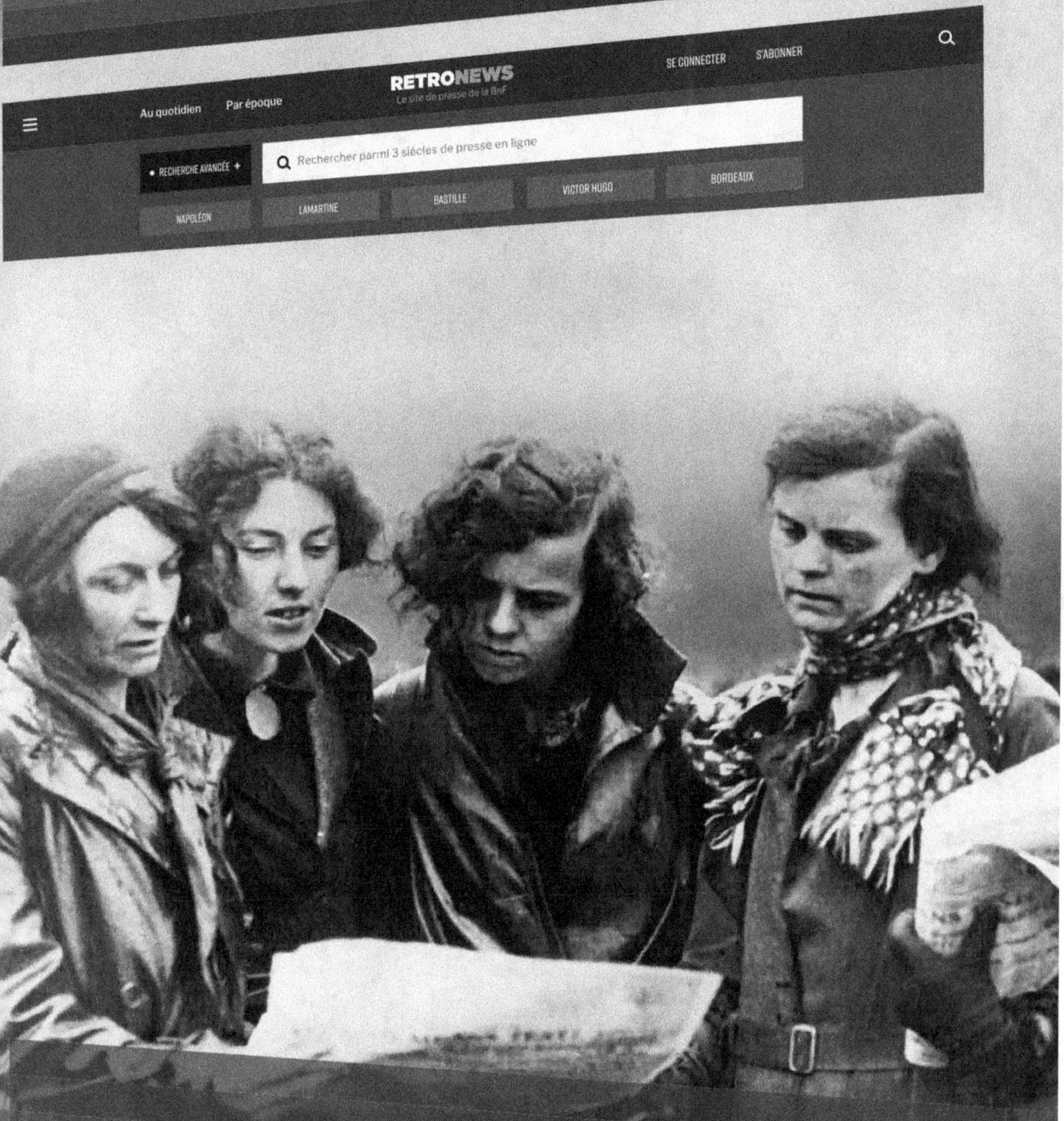

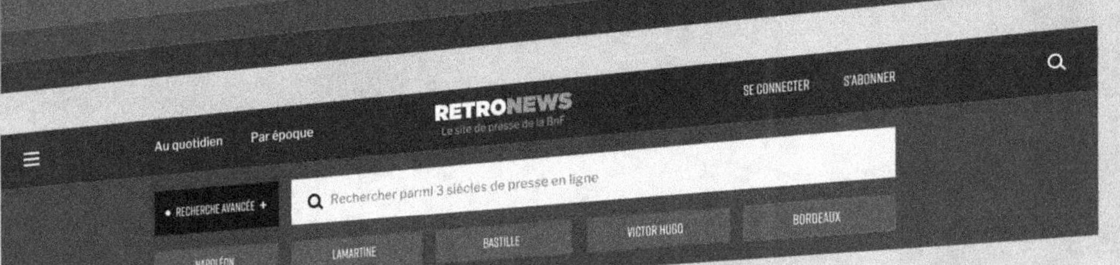

RETRONEWS

Le site de presse de la BnF

www.retronews.fr

PRIX : 50 CENTIMES
ALMANACH DU VIEUX MARCHEUR
1904
JANVIER
FEVRIER
MARS
AVRIL
MAI
JUIN
JUILLET
AOUT
SEPTEMBRE
OCTOBRE
RÉDACTION & ADMINISTRATION
6, rue Gît-le-Cœur, PARIS (6e)

ALMANACH

✳ 1904 ✳

du

VIEUX  MARCHEUR

PRIME exceptionnelle à TOUT ACHETEUR
de l'Almanach.

Tournez la Page.

— J'étais une petite femme honnête. Les jeux de la Bourse m'ont fait perdre jusqu'à ma chemise. Ne croyez-vous pas que les jeux de l'amour pourront refaire ma fortune ?.

1904 JANV. | FÉVRIER | MARS

1904 JANV.			FÉVRIER			MARS		
Les jours cr de 1 h 6 m			Les jours cr de 1 h 37 m			Les jours cr de 1 h 53 m		
1	V	Circoncis	1	L	sᵉ Brigide Pl	1	M	sᵉ Eudoxie
2	S	s Basile	2	M	Purification	2	M	s. Simplice Pl
3	D	sᵉ Genev. Pl	3	M	s. Blaise	3	J	s. Marin
4	L	s. Rigobert	4	J	s. Gilbert	4	V	s. Casimir
5	M	sᵉ Emilie	5	V	sᵉ Agathe	5	S	s. Adrien
6	M	Epiphanie	6	S	s. Amand	6	D	*Oculi*
7	J	sᵉ Mélanie	7	D	*Sexagésime*	7	L	s. Th. d'Aq.
8	V	s. Lucien	8	L	sᵉ Irma DQ	8	M	s. Jean de D
9	S	s. Julien *m* DQ	9	M	sᵉ Apolline	9	M	sᵉ Franç. DQ
10	D	s. Guillaume	10	M	sᵉ Scholastiq	10	J	*Mi-Carême*
11	L	sᵉ Hortense	11	J	s Adolphe	11	V	s. Constantin
12	M	s. Arcade	12	V	sᵉ Eulalie	12	S	s. Marius
13	M	*Bapt. N.-S*	13	S	s. Lézin	13	D	*Laetare*
14	J	s. Hilaire	14	D	*Quinquagés.*	14	L	sᵉ Mathilde
15	V	sᵉ Rachel	15	L	s. Faustin	15	M	s. Zacharie
16	S	s. Marcel	16	M	*Mardi-G.* NL	16	M	sᵉ Octavie
17	D	s. Antoine NL	17	M	Cendres	17	J	sᵉ Gertrud Nl
18	L	Ch. s. P. à R.	18	J	s. Siméon	18	V	s. Alexandre
19	M	sᵉ Germaine	19	V	s. Gabin	19	S	s. Joseph
20	M	s. Sébastien	20	S	s. Silvain	20	D	Passion
21	J	sᵉ Agnès	21	D	*Quadragés.*	21	L	s. Benoit
22	V	s. Vincent	22	L	sᵉ Isabelle	22	M	sᵉ Léa
23	S	s. Reymond	23	M	s Florent	23	M	s. Victorien
24	D	s. Babylas	24	M	s. Math•Q.T PQ	24	J	s Gabriel PQ
25	L	C s. Paul PQ	25	J	s Léandre	25	V	Annonciat.
26	M	sᵉ Victorine	26	V	s Nestor	26	S	s. Emmanuel
27	M	s. Julien	27	S	sᵉ Honorine	27	D	*Rameaux*
28	J	s Charlem	28	D	*Reminiscere*	28	L	s. Gontran
29	V	s. Franç. de S	29	L	s. Romain	29	M	s. Jonas
30	S	sᵉ Martine	N. d'Or 6 Ep. 13. C a			30	M	s. Pasteur
31	D	*Septuagés.*				31	J	s. Benjam Pl

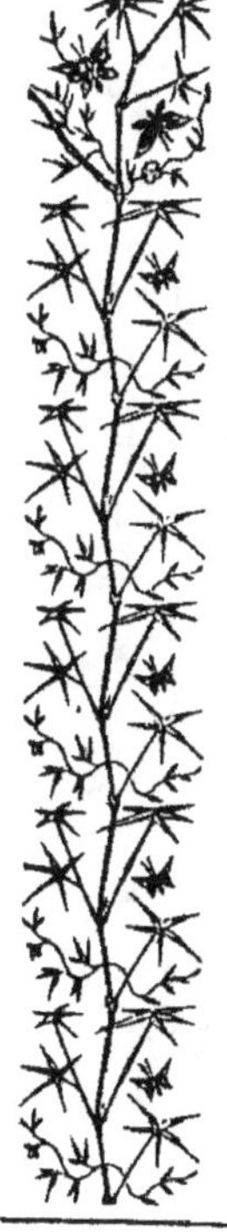

AVRIL			MAI			JUIN		
Les jours cr de 1 h 42 m			Les jours cr de 1 h 16 m			Les jours cr de 12 m		
1	V	*Vend.-Saint*	1	D	s. Phil. s. Jac	1	M	s. Pamphile
2	S	s. Franç de P.	2	L	s. Athanase	2	J	FÊTE-DIEU
3	D	PAQUES	3	M	*Ino. s Croix*	3	V	s Clotilde
4	L	s Isidore	4	M	s Antoinette	4	S	s Emma
5	M	s. Vincent F.	5	J	C. s. Augustin	5	D	s Yvonne
6	M	s. Célestin	6	V	s Jean P·L	6	L	s Pauline OQ
7	J	s. Clotaire OQ	7	S	s. Stanisl. OQ	7	M	s. Havenne
8	V	s Adèle	8	D	s Félicie	8	M	s. Médard
9	S	s Marie Eg	9	L	*Rogations*	9	J	s Pélagie
10	D	*Quasimodo*	10	M	s. Antony	10	V	s. Edgard
11	L	s. Léon, p.	11	M	s. Dagobert	11	S	s. Bernabé
12	M	s. Jules	12	J	ASCENSION	12	D	s Olympe
13	M	s Justin	13	V	s Servais	13	L	s. Ant de P NL
14	J	s Tiburce	14	S	s. Boniface	14	M	s. Valère
15	V	s Anastas NL	15	D	s Denise NL	15	M	s. Abraham
16	S	s Odette	16	L	s Honoré	16	J	s. François
17	D	s Robert	17	M	s. Pascal	17	V	s Manuel
18	L	s. Parfait	18	M	s Juliette	18	S	s Olga
19	M	s Léon	19	J	s Sidonie	19	D	s. Gerv. s Pr
20	M	s. Marcelin	20	V	s Bernardin	20	L	s Floren** PQ
21	J	s Anselme	21	S	s. Victorius	21	M	s Alice
22	V	s. Théodore	22	D	PENTECOTE PQ	22	M	s Alban
23	S	s. Georges PQ	23	L	s Didier	23	J	s. Félix
24	D	s. Gaston	24	M	s. Désiré	24	V	Nat. s. J.-B
25	L	s. Marc	25	M	s Urbain Q T	25	S	s. Prosper
26	M	s Amélie	26	J	s Brix	26	D	s Héloïse
27	M	s. Fernand	27	V	s Olivier	27	L	s. Crescent Pl
28	J	s Valérie	28	S	s Emile	28	M	s Irénée
29	V	s Aimée PL	29	D	TRINITÉ PL	29	M	ss. Pier et P
30	S	s. Maxime	30	L	s. Ferdinand	30	J	s. Martial
Printemps 21 mars			31	M	s Angèle	Été, 21 juin		

1904 JUIL. | AOUT | SEPTEMBRE

	1904 JUIL.	AOUT	SEPTEMBRE
	Les jours décr. de 1 h.	Les jours déc. de 1 h. 38 m	Les jours déc. de 1 h. 47 m
1	V s⁺ Eléonore	L s⁺ Espérance	J ss Leu & Gill
2	S Vis de la V	M s. Alphonse	V s Antonin
3	D s. Anatole	M s⁺ Lydie	S s Grégoire OO
4	L s⁺ Berthe	J s Domin OQ	D s⁺ Rosalie
5	M s⁺ Zoé OQ	V s. Abel	L s. Bertin
6	M s⁺ Lucie	S Tr. de J.C	M s⁺ Reine
7	J s⁺ Ernestine	D s Albert .	M s Cloud
8	V s⁺ Virginie	L s⁺ Léonide	J Natio. de la V
9	S s⁺ Blanche	M s⁺ Clarisse	V s. Serge NL
10	D s⁺ Félicité	M s. Laurent	S s⁺ Pulchérie
11	L s Cyprien	J s⁺ Suzanne NL	D s Hyacinthe
12	M s Frédéric	V s⁺ Claire	L s Léonce
13	M s Eugène NL	S s Hippolyte	M s⁺ Aline
14	J FETE NATIONALE	D s⁺ Zélie	M Ex. s⁺ Croix
15	V s. Henri	L ASSOMPTION	J s Valérien
16	S s⁺ Estelle	M s Roch	V s Roger PQ
17	D s. Alexis	M s⁺ Elise	S s. Lambert
18	L s Camille	J s⁺ Hélène PQ	D s⁺ Sophie
19	M s. Vinc de P PQ	V s Louis, ev	L s. Gustave
20	M s⁺ Marguer	S s. Bernard	M s. Eustache
21	J s. Victor	D s⁺ Jeanne	M s. Mathieu QT
22	V s⁺ Madeleine	L s Philibert	J s. Maurice
23	S s⁺ Valentine	M s⁺ Caroline	V s⁺ Célestine
24	D s⁺ Christine	M s. Barthélemy	S s. Andoche Pl
25	L s. Christophe	J s Louis, roi	D s. Firmin
26	M s⁺ Anne	V s⁺ Rose Pl	L s⁺ Justine
27	M s⁺ Nathalie Pl	S s⁺ Armandine	M s. Côme s D
28	J s Samson	D s Augustin	M s Silvin
29	V s⁺ Marthe	L Déc. s. Jean-B	J s. Michel
30	S s Ignace	M s. Fiacre	V s Jérôme
31	D s. Germain	M s⁺ Aristide	Automne, 23 septembre

OCTOBRE	NOVEMBRE	DÉCEMBRE
Les jours déc de 1 h 46 m	Les jours déc de 1 h 21 m	Les jours décr de 14 m
1 S s Rémi	1 M TOUSSAINT	1 J s Eloi
2 D ss Anges g DQ	2 M *Trepassés*	2 V s* Aurélie
3 L s Gerard	3 J s Hubert	3 S s Claude
4 M s. François	4 V s. Charles B	4 D s* Barbe
5 M s Constant	5 S s* Sylvie	5 L s Sabas
6 J s. Bruno	6 D s Leonard	6 M s Nicolas
7 V s. Auguste	7 L s. Ernest NL	7 M s. Ambroise NL
8 S s* Fanny	8 M s** Reliques	8 J *Imin Conc*
9 D s Denis NL	9 M s Mathurin	9 V s* Léocadie
10 L s. Franç de B	10 J s Juste	10 S s* Julia
11 M s* Clémence	11 V s. Martin	11 D s. Daniel
12 M s. Séraphin	12 S s. Rene	12 L s* Constance
13 J s Edouard	13 D s Brice	13 M s* Luce
14 V s. Calixte	14 L s* Philomène	14 M s Nic**** QT PQ
15 S s* Thérèse	15 M s* Eugénie PQ	15 J s. Mesmin
16 D s. Léopold PQ	16 M s Malo	16 V s* Adélaïde
17 L s. Florentin	17 J s Agnan	17 S s Lazare
18 M s. Luc	18 V s. Octave	18 D s. Gatien
19 M s Savinien	19 S s* Elisabeth	19 L s. Darius
20 J s. Félicien	20 D s Edmond	20 M s* Philogone
21 V s* Céline	21 L *Pres de N·D*	21 M s Thomas
22 S s. Eusèbe	22 M s* Cécile	22 J s Honoré PL
23 D s Yvette	23 M s Clement PL	23 V s* Victoire
24 L s Magloir* PL	24 J s* Flore	24 S s* Irmine
25 M s Crépin	25 V s* Catherine	25 D NOEL
26 M s* Francine	26 S s* Delphine	26 L s. Etienne
27 J s. Simon	27 D AVENT	27 M s Jean
28 V s Alfred	28 L s Sosthène	28 M ss Innocents
29 S s Narcisse	29 M s Saturnin	29 J s David DQ
30 D s Arsène	30 M s André DQ	30 V s. Sabin
31 L s* Lucille DQ	Hiver, 22 décembre	31 S s. Sylvestre

— Vous dites qu'ils sont mous! Ah! mon cher ami, si vous étiez seulement comme eux, je vous garantis, vous ne seriez pas cocu!

LUNE DE MIEL

— Non, tu sais, ce n'est pas la coupe que j'aime le mieux.
— C'est la croupe !

LA MÈRE. — A ton âge, si j'avais eu de pareilles épaules, elles eussent été couvertes de brillants.

LA LEÇON DU FOU

— Peste, mon cher, te voilà comme un prince ! N'es-tu pas en effet prince de la science ; ceux-là valent mieux que les autres, en ce siècle où les seuls trônes sont les coffres-forts emplis par le travail et Notre-Dame la Veine qui te comble de ses bénédictions. Je n'osais pas entrer chez toi, en ce palais, où dès la porte on est ébloui, intimidé. Morbleu ! les beaux valets, en culotte de velours : on dirait des suisses de cathédrale !... Ils me considéraient avec pitié, j'ai cru qu'ils allaient m'offrir deux sous. Et quand j'ai demandé, le docteur Brouardel, ils ont fait la grimace, ils ont hésité et ont répondu dédaigneusement : Monsieur ne reçoit pas.

— La valetaille est une race odieuse ; elle rampe, elle s'avilit devant le maître ou le visiteur dont l'allure dénonce l'opulence ; elle insulte et mord presque celui qui paraît pauvre.

— J'en conviens, je marque mal, avec ma veste fatiguée, mes souliers éculés, mon haut-de-forme épilé. Et jamais, vrai, je n'eusse osé venir chez toi te serrer la main, si tu ne m'avais invité, avec insistance... Ah! mon vieux Broutardel, quelle chose mystérieuse que la vie! Il y a dix ans, nous étions l'un et l'autre étudiants, égaux, copains, presque frères. Pauvres tous deux, et pareillement intelligents, impatients de faire notre trouée, de sortir du rang. Qui eût prévu alors qu'après quelques années tu serais le millionnaire, moi le gueux?

— Tu aimais trop les femmes!...

— Hélas!... Je les aime toujours. J'ai ça dans le sang; c'est incurable. S'il est parfois, dans ma pauvre existence, de bien fichus moments, j'ai eu en compensation de délicieux quarts d'heure.

— Oh! mon ami, je ne te fais pas de reproches. Je constate, et je crois que, tout bien pesé, tu es le plus heureux des deux. Crois-tu qu'elle est bien gaie ma vie, et qu'elle m'offre d'innombrables joies?

— Tu les as toutes. Avec l'argent...

— L'argent, l'argent... En tes mains certes, il ferait des miracles; dans les miennes il est stérile et vain. La fortune est aveugle, disent les sages; ils ont raison : c'est une sotte maîtresse qui ne se livre qu'aux impuissants; c'est-à-dire aux avares, aux économes, aux gens qui ne savent pas jouir d'elle. Elle se refuse, l'imbécile, aux autres, qui la feraient danser, cascader, culbuter, l'engrosseraient en vrais mâles dont la virilité est robuste et féconde!

— Tu dis ça pour me consoler.

— Je te parle sincèrement, en homme désabusé qui a demandé inutilement à l'argent ses vaines satisfactions. Tout ce luxe qui m'entoure, ces vastes appartements où je rôde comme en un désert, ces valets qui me servent, ces meubles somptueux, ces tableaux de maîtres, rien de tout cela ne me charme, ne m'enchante. Ma vie est sans orages, peu de nuages obscurcissent mon ciel. Je suis bon époux et bon père. Ma femme est une excellente créature, fort belle, qu'on admire; mes enfants de superbes bébés, bien portants, ce qui est l'essen-

tiel, et déjà gentils, affectueux, intelligents. Eh bien! malgré tout, je m'embête immensément, colossalement, incommensurablement.

— Ah! je connais quelqu'un qui ne s'embêterait pas s'il était à ta place.

— Tu crois. Que ferais-tu?

— Je boufferais tous les jours... Car, de temps en temps, il m'arrive de déjeuner par cœur... Des repas succulents, des foies gras, des truffes, des perdreaux, du bourgogne, du café fameux, des fines et des kummels.

— Et comme moi, tu aurais l'estomac détraqué, incapable de savourer la moindre bonne chose. La gueule! elle est vite rassasiée, les aliments les plus simples sont encore les meilleurs... Tiens, l'autre soir, en traversant un quartier populaire, l'odeur d'une friture de pommes de terre, qui se dorait dans la poêle d'une pauvre marchande installée sous une porte, réveilla mes fringales de vingt ans; et j'achetai pour deux sous de frites. Il y avait longtemps que je ne m'étais tant régalé...

— Je m'offrirais de la garce de choix.. Oui, toutes ces belles filles que j'ai désirées; ces actrices dont la peau blanche et rose doit être si douce et si bonne à baiser; ces belles madames qu'on aperçoit au Bois, comme de petites reines dans l'apothéose des soies et des dentelles, dont on découvre les petits pieds et les jolies jambes gantées capiteusement en des bas si noirs et si transparents que le goût vous en monte à la bouche!...

— Détestable denrée! leur parure est tout leur attrait. Sitôt les fanfreluches tombées, il ne reste que de la chair molle, insipide, incolore et d'une odeur souvent douteuse. *Experto crede Roberto.* Je les ai expérimentées toutes, toutes. La garce de choix, comme tu dis élégamment, est très inférieure au point de vue de l'amour. Elles n'ont pas de tempérament les jolies filles, pas plus qu'elles n'ont souvent de joliesse véritable. Les gamines qui sortent des ateliers ébouriffées, crottées, sont de plus agréables amies; et quand je veux me donner un peu de bon et vrai plaisir, c'est à Montmartre ou au Quartier que je vais le chercher, au pays des modèles de quatre sous et des grisettes qui me prennent pour un rastaquouère quand quand je leur laisse deux louis. Puis, tu sais, on se blase sur tout, lorsqu'un désir à peine éclos peut être satisfait. La satiété amènent le dégout. Tout passe, tout lasse.

— C'est que tu n'as pas de grands appétits, toi. Je te garantis, mon vieux, que la Femme est un jeu dont on ne se fatigue jamais. Depuis plus de six ans j'ai une petite amie que j'adore de mon mieux; pas un jour encore ne s'est écoulé sans que nous ayons péché presque autant que le sage.

— Je t'admire et t'envie.

— C'est le seul plaisir que nous avons, nous, les gueux.

— Nous n'avons même pas celui-là, nous, les riches. Les préoccupations, les affaires, les devoirs mondains nous prennent tous nos instants. Il nous faut accomplir quotidiennement d'insipides et ridicules corvées qui nous minent, nous épuisent, nous aveulissent. Chaque matin je me lève dès sept heures : les bals, les réceptions, les théâtres me prennent mes nuits. Nous n'avons pas le temps d'aimer. Pour toi l'existence se résume en cette rabelaisienne devise : la gueule et le... chose ! Pour moi, elles se compliquent des visites, des relations, de l'hiver à Nice, de l'été aux eaux, de mille et un soucis qui m'assomment et me tuent. Raconte-moi ton existence... comme tu dois avoir des journées vides, des heures séculaires, interminables !

— C'est monocorde. Je me réveille vers dix heures ; mon amie ouvre les yeux... nous nous embrassons et nous commençons notre journée par une salutation qui n'a rien d'angélique. Nous réitérons ; bientôt nous sommes d'abominables récidivistes. Vers une heure après midi, la femme de ménage, qui compose notre maison, nous apporte le déjeuner que nous prenons au lit : les jours d'opulence une côtelette avec beaucoup de cresson autour, un litre à seize, des cerises, des patisseries, le café. Les jours de purée, on se contente d'un peu de jambon, voire d'une tranche de pâté, ou d'un morceau de brie, arrosé de Château-la-Vanne, faible cru pour les gens vannés. Comme dessert on se rembrasse, on se raime. Puis, vers quatre heures, on se lève, je descends sur les boulevards, je griffonne quelques articles pour les journaux qui acceptent ma prose, à raison de cinq ou dix centimes les trente-six lettres. A huit heures je retrouve mon amie. Selon les hauts et les bas, nous dînons à la brasserie, d'une choucroute, d'un verre de bière, ou chez nous d'un peu de pâté qu'on apporte dans du papier. Nous allons au théâtre, au concert, quand on me donne des billets. Puis, on retourne au lit, le bon, l'excellent lit. On bavarde, on chante, on invente des petits jeux, on devient gosses, bébêtes, mais on ne s'ennuie pas. J'ai inventé dernièrement « la leçon de géographie », qui nous procure d'agréables moments. La gorge de mon amie, veinée de lignes d'azur, est la carte hémiphérique, où je vois des fleuves, des océans, des contrées enchanteresses... Son corps est une carte où je découvre, comme Bonvalot dans le Pamir ou l'Abyssinie, des promontoires, des détroits, des déserts, des oasis. C'est idiot, mais ça ne manque pas de charmes. C'est plus intelligent que la manille ou que le baccara.

— ...Et que les soirées officielles ou mondaines chez le doyen de la Faculté, chez le ministre de l'Agriculture, chez les Perret ou les Ferronays... Ah! mon vieux, sais-tu qu'en m'évoquant ta vie de bohème, tu me fais détester davantage celle que je mène, si molle, si bête, si dépourvue d'agréments, et que je quitterais sans regrets, pour la leçon de géographie, dans une chambre d'hôtel, avec une gentille amie, et quatre sous de pâté dans un papier graisseux !...

— Qui sait ? le plus sage de nous deux c'est peut-être le fou que suis !

— La vie est une folie... les fous seuls peuvent être heureux... Bon Dieu ! Trois heures... Je te quitte... Je dois assister à l'inauguration du musée d'histologie... Quelle corvée ! Des discours, des phrases, des congratulations... Ce soir, banquet pour fêter la décoration du docteur Germain Piton, un cuistre qui a introduit en France la thermothérapie qu'il a volée à un Allemand. Il faudra le féliciter... Et toi, veinard, toi, pendant ce temps-là... la leçon de géographie !...

BOUGUENAIS.

— C'est pas des saintes, possible ! Mais pour sûr, c'est des *seins* de première classe que vous avez sous les yeux, mes bons messieurs.

— Qu'est-ce que tu vas dire à ta femme, en rentrant à cette heure ?
— Je vais lui dire que je sors du cercle, et que j'ai fait d'excellentes parties de piquet.

RÉSURRECTION

—Ah ! le coquin, il m'a tuée, mais c'est égal, je voudrais bien mourir encore!... -

— Que je délaisserais bien les pommes de vot' panier pour les celles de vot' corsage, mam'zelle.

LA SAINT-MÉDARD

Cette année-là, la Saint-Médard était tombée un mardi et, ainsi que la légende l'y oblige, la pluie aussi.

Or, le mardi est un jour où l'on se marie, et c'est ce qui fit le malheur d'Hindustry, contrairement à ses prévisions.

Mais que je vous présente d'Hindustry!... Jean-Marie-Robert, chevalier d'Hindustry, de la grande et ancienne famille des Aiscrauts, alliée à la puissante branche de la Cambriolle.

Le chevalier d'Hindustry était, à l'époque, âgé de cinquante-deux ans. Grâce à quelque teinture régénératrice et à quelque mastic dissimulateur, il arrivait à consolider l'extérieur de sa noble personne.

Hélas! ce n'était plus la même chose quant au for intérieur moral, physique et financier.

Cependant, le chevalier, confiant en sa dextérité et superstitieux, avait résolu de tenter une dernière aventure.

Il s'était mis en quête d'une famille de bonnetiers qui voulût bien lui redorer son blason et il avait rapidement trouvé son affaire.

Donc, le chevalier, après s'être fait accueillir, héberger et fiancer dans ladite famille, parvint à décider ses futurs beaux-parents à fixer la date du mariage au mardi, jour de la Saint-Médard.

Or, voici quel était le raisonnement du chevalier d'Hindustry :

« Je me marie le jour de la Saint-Médard, il pleut; tout va bien!... Le temps est constamment couvert, on passe sa journée dans la pénombre des voitures de gala et des salles de restaurant où l'on ne pourra point remarquer mes rides.

« Je suis sensible à ces temps humides, et l'averse céleste m'ôte tous mes moyens : je le persuade à ma belle-mère et à mon épouse...

« Et j'ai quarante jours devant moi pour suivre un régime. Pas de voyage de noces, partant point de dépenses... Et j'ai quarante jours devant moi pour faire fructifier la dot de ma femme et me constituer à moi-même la dot que j'ai promis d'apporter. »

Le jour du mariage, il eût pu promener ses invités en gondole. Le lendemain et les jours suivants la pluie tombait toujours et le chevalier était aux anges.

Oui, mais voilà : il avait compté sans Saint-Barnabé, le chevalier!

Barnabé envoya une portion de soleil dont la terre se mit à fumer d'aise.

Alors, Mᵐᵉ la chevalière d'Hindustry, que la bienfaisante chaleur mettait dans tous ses états, réclama son dû.

Mais le noble gentilhomme répondit :

— Ma chère amie, ne vous abusez pas. ce n'est qu'une éclaircie, le baromètre doit être toujours à la pluie... Je ne sens pas mes moyens revenir.

Néanmoins le beau temps persistait. Les beaux-parents du chevalier, tous les matins, le mettaient en demeure de partir pour son voyage de noces; Mᵐᵉ la chevalière, tous les soirs, lui intimait l'ordre d'avoir à accomplir ses devoirs conjugaux.

Bref, un beau jour, ne tenant plus devant toutes ces réclamations, il prit la poudre d'escampette et ce qui restait d'actions et d'obligations dans la caisse matrimoniale.

Il faut ajouter à l'honneur du chevalier qu'il pourvut à son remplacement et qu'un de ses amis devint rapidement l'amant de la jeune mariée.

RACH.

— Non, je ne vais pas mettre cette pièce-là avec les autres... il avait l'air d'un faux-monnayeur.

—.Tu sais, t'es un phénomène. V'là huit jours que tu m'mets
sur la toile. Quand vas-tu te décider à me mettre dans les
draps?

L'ÉTRANGER

Elles sont rois autour du haut comptoir d'un bar. Elles s'appellent Lili, Nana, Toto, pour la commodité des michés.

En attendant le travail, elles échangent leurs impressions de métier, tout en buvant des boissons aussi coûteuses que mauvaises.

LILI. — A propos!... Moi, j'ai fait mon premier étranger hier!

NANA. — Tiens!... moi aussi!

TOTO. — Ah!

LILI. — Qu'est-ce que c'est, l'tien?... Moi, c'est un Italien.

NANA. — Moi, c'est un Portugais.

TOTO. — Les Italiens sont toujours pleins... Les Portugais sont toujours gais.

LILI. — Comme tu as de l'esprit, aujourd'hui!

NANA. — Elle est vexée d'avoir pas fait un étranger.

TOTO. — Oh! moi, j'ai pas d'ambition!

LILI. — Le mien y s'appelle Pedro Batoli.

NANA. — Le mien, Courhonzo Bonhor.

TOTO. — Et y-z-ont couché dans vot'-plumard avec des noms comm'ça?

LILI. — Tu parles!

NANA. — J't'écoute!

TOTO. — Oh! quel enthousiasme!

LILI. — Et pis, tu sais, les Français, c'est d'la roustissure à côté d'mon Italien!... Tu parles s'il la connaît en amour!

NANA. — Non, mais j'aurais voulu qu'tu voies mon Portugais!... Non, mais j'aurais voulu qu'tu l'voyes!

TOTO. — J'fais pas la voyeuse, moi!... J'ai pas des passions « héroclites »!

LILI. — Ma chère, y m'a fait boire une boisson américaine et pis y m'a emme-née dans son hôtel, un hôtel qu'est bath!

NANA. — Moi aussi!

TOTO. — T'es bath aussi!

NANA. — Non, l'hôtel du Portugais!.. C'est rue de la Paix...

LILI. — Rue de la Paix?... Moi aussi!... Hôtel de Norvège et de Turquie.

NANA. — C'est bien ça!

TOTO. — Pourvu que ce ne soit pas la même chambre!

LILI. — Comment qu'il est, ton Portugais?

NANA. — Grand, brun, avec une belle moustache noire relevée.

LILI. — Comme mon Italien!

NANA. — Même qu'il a un grain de beauté sur le creux de l'estomac!

LILI. — C'est mon Italien!

NANA. — Non, c'est mon Portugais!

LILI. — En tout cas j'ai jamais rencontré un homme comme celui-là!... Il est épatant!

NANA. — Moi, mon Portugais m'a dit que c'est la première fois qu'il a été aussi content!

LILI. — Oh! bien, moi aussi... Du reste, je ne lui rien demandé... mais il m'a promis de m'envoyer une caisse d'oranges de son pays!

NANA. — Une caisse d'oranges!... C'est mon Portugais!

LILI. — J'te dis qu'il est Italien!

TOTO. — N'vous disputez pas!... J'le connais, l'homme aux oranges!... C'est tout simplement un voyageur de commerce... Il la fait à toutes les femmes... et il s'appelle Durand?

EDMOND LOUIS.

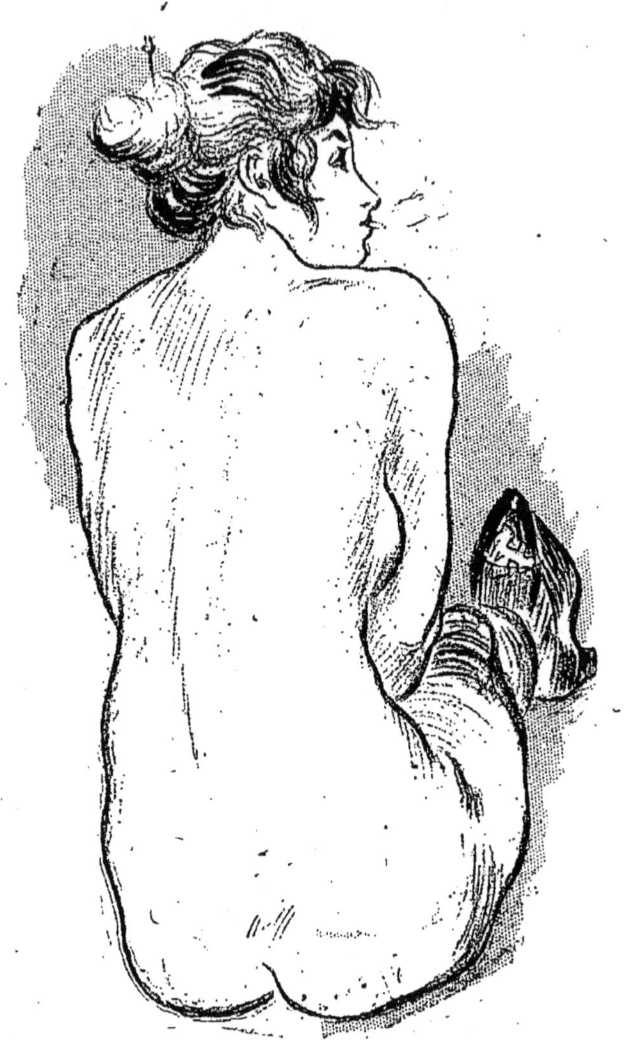

— C'est le seul moyen économique que j'aie trouvé pour ne pas abîmer mes toilettes.

— Pourquoi as-tu quitté Irma?

— Elle avait un amant... une fille à qui je donnais cinq mille par mois!...

— Un amant!... ça ne te suffisait pas... Tu voulais donc qu'elle en eût dix?

L'HONNÊTE FEMME

Elle paraissait honnête, et ça me gênait.

Elle marchait d'un pas régulier et sévère, comme une personne qui se rend au Bon Marché pour choisir une robe demi-deuil ou qui va chez sa tante malade.

Arrivée place du Châtelet; elle s'arrêta, non loin d'une marchande de fleurs, afin de consulter son porte-monnaie en faux crocodile. Je me précipitai pour lui offrir les fleurs que je la croyais sur le point d'acheter, mais comme elle était non loin également des water-closets, elle y entra.

Quand elle sortit du buen-retiro, elle me sembla encore plus jolie, ses couleurs s'étaient ravivées, avec une pointe de poudre de riz en trop cependant.

En passant près de moi, elle laissa tomber un regard timide et encourageant à la fois, comme il y avait une demi-heure que je la suivais, je me décidai à l'aborder.

Dès les premiers mots, je vis tout de suite que je ne savais pas à qui j'avais affaire, car elle garda le silence de la meilleure marque, la marque Conrart. Dès les seconds mots, elle m'appela imbécile, et je fus forcé de reconnaître que si elle était honnête, elle n'était point, par contre, trop polie. Dès les troisièmes et autres, elle s'apprivoisa et consentit à me refuser de sa douce voix le bock que je lui offrais.

Ma ténacité eut néanmoins raison de sa réserve. Je lui arrachai la promesse de se trouver à un rendez-vous le lendemain soir; elle mit le comble aux concessions qu'elle faisait à ma patience en fixant elle-même le lieu de la rencontre, un endroit discret et désert : l'Arc de Triomphe.

Le lendemain soir, elle fut inexacte au rendez-vous, ainsi qu'il sied à toute femme qui veut se faire passer pour honnête. Je dois à la vérité de dire qu'elle ne s'excusa point et qu'elle me fit plutôt une scène pour l'avoir obligée, par mon insistance de la veille, à manquer à tous ses devoirs, devoirs dont elle ne m'expliqua, d'ailleurs, ni la nature ni l'étendue.

Pour la calmer et mettre sa conscience à l'aise, je lui offris de promener celle-ci pendant quelque temps en voiture. Elle parut accepter sans enthousiasme.

Il me sembla aussi qu'elle était de caractère peu commode, car tous les fiacres que je hélai ne la satisfirent pas et elle ne consentit à monter que dans un « maraudeur » qui paraissait nous guetter depuis qu'elle était arrivée.

— Où vous voudrez, dit-elle au cocher.

Celui-ci fouetta son cheval et le lança dans cette direction que je ne crains pas de qualifier de problématique.

Cependant, l'atmosphère du sapin avait complètement transfiguré ma compagne. Abandonnant sa prudente tenue, elle se laissa aller aux mille riens ardents que l'on prodigue dans le mystère de la boîte roulante.

Et le cocher nous conduisait toujours vers l' « où il voulait » dont le but devait être assez éloigné, car je n'apercevais plus, dans les moments de répit que me laissaient les alternatives de notre entretien, que de loin en loin de vagues becs de gaz, dont le nombre paraissait avoir diminué ainsi que les bruits de la capitale.

A un moment donné, ma conquête, sans raison valable, se mit à sursauter si étrangement que nous pensâmes verser.

La voiture s'arrêta subitement, et le cocher, descendu de son siège, vint m'apostropher d'un air goguenard :

— Ben, mon vieux !... t'en fais un raffût là dedans !

— Dites donc, cocher ! m'écriai-je, indigné.

— Quoi !... tu fais du chichi maint'nant ?... Tu sais donc pas que j'pourrais t'faire condamner pour attentat aux bonnes mœurs !

— Par exemple ! repris-je, consterné, en m'adressant à ma compagne qui resta impassible.

— Puis que j'pourrais t'faire condamner aussi pour adultère, car t'es avec ma *femme !*

— C'est trop fort !

— Allons, fais pas d'pet !... Vide tes profondes !

Et comme je protestais, il me saisit habilement et vigoureusement par les deux bras pour me paralyser, pendant que la femme, l'honnête femme, me fouillait.

Quand la petite opération fût terminée, ils me jetèrent en bas de la voiture qui les emporta aussitôt rapidement, me laissant seul au milieu de la nuit d'un endroit désert et désolé pendant que la voix de la femme, de l'honnête femme, me criait au loin :

— Oh ! c'te poire !

EDMOND CHAR.

— Avec une tête comme ça, et de bons gros nichons, si c'est pas dégoûtant d'être sa domestique et de n'avoir pour hôtel qu'un garni ! Voyons, dites-moi, n'ai-je pas tout ce qu'il faut pour être une femme chic ?

— Des dames de charité, il n'y en a pas deux comme moi ; pendant tout l'hiver, j'ai un refuge pour tous les pauvres vieux millionnaires qui cherchent à se mettre au chaud.

— C'est encore votre vieil admirateur...
— Ah! il ne l'est qu'à demi, rateur!

UN PRÉDICATEUR

Un groupe de jeunes et jolies femmes du quartier de la Plaine-Monceau, de ces femmes dont un auteur a dit qu'elles ont la cuisse légère, ont eu la singulière idée de se faire faire, à propos du carême, un sermon laïque par un de nos plus jeunes et réputés conférenciers.

M. Jan Vanargent les a donc réunies chez l'une d'elles, qui possède un très grand salon, et a tenté de leur prononcer quelques paroles.

M. Vanargent. — Mes chères filles...

Une Voix. — Et allez donc : c'est pas mon père!

M. Vanargent. — La jolie interruptrice me fait bien vivement regretter de n'avoir point l'inoubliable satisfaction d'avoir coopéré à sa précieuse existence...

Je reprends... Mes chères filles, le motif qui nous a fait nous rassembler ici est d'une gravité particulièrement exceptionnelle...

Une Voix. — Je proteste!... Je ne suis pas venue ici pour m'occuper de choses graves!... Si l'on ne doit pas dire d'indécences, je m'en vais!

M. Vanargent. — Calmez-vous et patientez, madame!... Nous allons y venir tout à l'heure... mais vous devez savoir par expérience que l'on ne trouve véritablement exquis que ce que l'on a attendu quelque peu... Je continue... d'une gravité particulièrement exceptionnelle... Il s'agit, en effet, mes chères filles, de mettre vos corps en accord — ce ne sont pas des vers amorphes — avec vos âmes, vos consciences en accord avec vos actes, en un mot, de faire, en ce temps de carême, maigre chère!...

Une Voix. — Il y a huit jours que je suis mariée!...

Une Voix. — J'ai un tempérament excessif!

Une Voix. — Le médecin a donné un régime absolument contraire à mon amant!

Une Voix. — J'ai besoin d'une robe, de deux chapeaux et d'un coupé!

M. Vanargent. — Hélas! mes chères filles, qu'y puis-je?... Vous m'avez demandé un sermon sanctifiant et la voix du péché s'élève plus haut que ma parole prédicatrice!... Ah! je sais combien il est dur de renoncer, ne serait-ce que pour quelques heures, aux sublimes joies de l'amour, et vous me voyez disposé tout le premier à enfreindre les lois de la raison austère et à refuser absolument de faire maigre devant tant de grâces...

Une Voix. — Parlez pour Mme de Vaulardon qui pèse deux cent soixante-quinze!

M. Vanargent. — Je n'ai voulu faire aucune personnalité et, en parlant de Grâces, je n'ai voulu qualifier que les beautés parfaites qui me font l'honneur de m'écouter... Je vous prierai donc de bien vouloir me laisser continuer mon sermon... Mais, si l'on considère qu'il est possible d'allier tout à la fois les règles du devoir avec les pratiques de la volupté qui indiquent comme un excellent moyen suggestif la volontaire mortification, on conviendra de la facilité qu'il y a à contenter sa conscience... Ainsi, pourquoi ne pourriez-vous, chaque vendredi...

Des Voix. — Non!... Non!...

M. Vanargent. — Écoutez-moi avant de me contredire... Chaque vendredi vous priver de toute viande?...

Une Voix. — Un bouchon!

La séance continue.

Des Esquintes.

2.

— Habille-toi un peu, on frappe et on va introduire quelqu'un.
— Mais je ne demande que ça !...

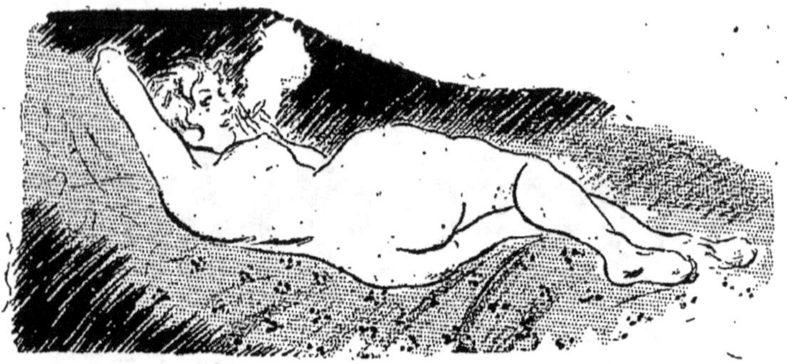

L'ORDONNANCE

Certes, la vicomtesse passait à bon droit pour une *honneste* femme. Mais, s'il vous plaît, le moyen de le demeurer lorsqu'on a pour mari un capitaine à Patlin-en-Bêtan, la plus sale garnison de France?

Car que faire en un gîte à moins que l'on y aime?

La vicomtesse aima donc. Elle aima un lieutenant, lequel, adorant les gros derrières, rêvait jour et nuit au sien qu'il avait deviné dur et rose à souhait. Ils s'aimèrent et se le dirent, parlant des petits oiseaux, des sources qui murmurent sous le gazon, des fleurs, du clair de lune, dont d'ailleurs se fichait pas mal le monsieur désireux seulement de contempler celle (la lune) de la vicomtesse.

La jeune femme enfin, non sans avoir affirmé trente-six fois : « C'est bien mal ce que je fais! » consentit à recevoir l'autre.

Elle-même veilla, le matin du fameux jour, aux soins du ménage. Justement le capitaine avait une nouvelle ordonnance, un idiot ignorant les plus élémentaires raffinements de la civilisation urbaine. Il fallut tout lui dire : épousseter les bibelots, frotter le parquet, cirer le siège des water-closets, que sais-je!

Tout-de même, le lieutenant fut royalement reçu. Et je t'embrasse, et tu m'embrasses, et nous nous embrassons! Et je t'aime, et tu m'aimes, et nous nous aimons! Et patati et patata!

Cependant, sans que la vicomtesse s'en aperçut ou plutôt qu'elle fît mine de s'en apercevoir, il dénouait savamment peignoir et chemise, et d'un seul geste les faisait glisser à terre.

Horreur! trois fois horreur! la vicomtesse était négresse!

... Est-ce que cet imbécile d'ordonnance n'avait pas ciré le siège des water-closets avec du cirage!

.René Schwaeblé.

LA BONNE A TOUT FAIRE

— Non, m'sieu Jean, non... vous fumez les cigares du singe... c'est vrai... vous buvez·sa fine... c'est encore vrai!... mais vous pouvez chercher ailleurs une brosse pour vous brosser le ventre...

LUNE DE MIEL

Elle était blonde comme les blés, blanche comme un 'lis, rose comme les églantines, et possédait des yeux de pervenche, avec, *dedans*, le regard, quelque chose de la modeste violette.

Son éducation, des plus distinguées, s'était faite au couvent des Oiseaux. Elle avait pris dans cette honorable institution des habitudes d'une telle réserve, d'une si délicate convenance, qu'on n'osait lui adresser le moindre compliment sur l'éclat de son teint ou les fraises saignantes de ses lèvres, sans l'effaroucher violemment.

Son voisin de table l'eût fait rougir, en lui passant les asperges.

Inutile de dire qu'une personne aussi susceptible — et prévenue à ce point qu'elle croyait voir dans la chose la plus banale une allusion libertine et malséante, — était extraordinairement difficile à courtiser.

On eût plus aisément résolu le problème de la quadrature du cercle.

Cependant Agénor Toutmouillé y réussit.

Non seulement il sut faire accepter à Claire— sans susciter en elle trop de pudique émotion — une déclaration éloquente; mais il sut même se faire aimer.

Tout marchant donc comme sur des roulettes, le jour du mariage fut bientôt fixé.

Agénor invita, comme c'est l'usage, ses amis à venir enterrer ou plutôt noyer sa vie de garçon. Un soir, on prit ensemble une pistache mémorable, suivie d'une visite dans quelques mauvais lieux, dont on passa en revue le personnel.

Mais le lendemain, qui ne fut pas à la noce? ce fut ce brave Agénor, quand il éprouva certains picotements d'un mauvais augure.

— Nom de Dieu! s'écria-t-il en reconnaissant un de ces malaises, suites fréquentes des soirs de bombe.

D'un saut, il fut chez le médecin, lui demander quelque chose pour couper ça dans les vingt-quatre heures.

— Impossible! fit observer celui-ci, il faut laisser l'indisposition suivre son cours. D'ailleurs, ce ne sera que l'affaire d'une quinzaine.

— Une quinzaine! Mais, docteur, je me marie dans trois jours!

— Remettez votre noce.

— Toutes les invitations sont faites;

nous avons des parents et des amis qui viennent de province; et de quoi ça aurait-il l'air! Non, docteur, cela ne se peut pas non plus.

— Alors, que voulez-vous que je vous dise? Contentez-vous... d'embrasser votre femme.

Effectivement, la première nuit de noces, Agénor se contenta d'embrasser sa femme. Mais, en même temps, il la combla de telles caresses, accompagnées de si douces paroles, que la jeune femme, ravie, s'imagina que c'était ça le mariage.

Elle s'étonna seulement de la peur et du mystère qu'on se faisait d'un mari, et sans s'émouvoir d'aucune façon, elle rendait baiser pour baiser.

Leur lune miel semblait ne devoir prendre jamais fin, quand le quinzième jour, Agénor, complètement remis, voulut faire réellement acte de mari et entrer en possession de tous ses droits.

Aussitôt, Claire s'insurgea :

— Mais tu ne m'avais pas dit! Qu'est-ce que c'est que ça?

Et elle se défendait, alarmée de l'énorme sans-gêne de son mari.

Ses directeurs de conscience l'avaient bien prévenue; il ne fallait pas céder quand les époux voulaient initier leurs femmes à de honteux libertinages.

Mais Agénor suivait son idée, sans vouloir rien entendre.

Claire, en désespoir de cause, voulut le prendre par la douceur — unie à la fermeté :

— Écoute, lui dit-elle en lui passant les bras autour du cou; sois sage, mon petit Nonor; demande-moi de l'amour tant que tu voudras; mais, vois-tu... des cochonneries... non, jamais!

Je ne m'étonne plus, après une pudibonderie pareille, que le monde se dépeuple!

Henri Bachmann.

SIMPLE FILLE DES CHAMPS

— Marche, marche, mon bonhomme... quand tu seras vanné alors j'aurai moins de travail. Et ça sera le même prix.

— Ce n'est pas permis, Monsieur, de se présenter pour entrer
chez les gens avec une trompe pareille.

— L'amour, c'est le soleil... Mais je ne vous aime]pas... Et je vous fais voir la lune.

HORTENSE ET CASIMIR

A Vichy.

Le vieux monsieur et la vieille dame que le hasard a réunis devant la table d'hôte s'observent, s'examinent, ferment à demi les yeux comme pour évoquer une image ancienne dans l'ombre des souvenirs lointains.

Le Vieux Monsieur, *d'une voix un peu tremblante.* — Pardonnez-moi, madame, de vous interroger ainsi... Mais depuis que vous êtes ici, je ne sais quelle obsession rassemble mes regards vers vous et me rappelle un passé vague... Nous nous sommes rencontrés déjà, en quel endroit, à quelle époque ?.. Hélas ! ma vieille mémoire défaille... Cependant je vous reconnais, oui, il me semble que je vous reconnais. Voulez-vous m'aider un peu à rechercher la date et le lieu de notre rencontre ? Ce fut peut-être à la Bourboule, à Luchon, à Contrexéville, en une de ces stations où je vais chaque année promener mes douleurs, mes rhumatismes, mes gastralgies, espérant toujours un soulagement, trouvant à peine une distraction.

La Vieille Dame. — Sitôt aperçu, votre visage en mon cœur a remué pareillement quelques cendres du passé. Oui, monsieur, oui, oh ! oui, nous nous sommes connus.

Le Vieux Monsieur. — Ainsi vous vous souvenez ?

La Vieille Dame. — Si je me souviens !... Des années, des années se sont écoulées : vous êtes toujours le même. Vos moustaches ont blanchi, je les ai connues blondes ; les traits n'ont guère varié. Tandis que moi, moi, je ne suis plus qu'une ruine, une vieille, vieille bonne femme, ratatinée, déformée.

Le Vieux Monsieur. — Hélas ! nous n'avons plus vingt ans. Mais nous pouvons peut-être retrouver l'illusion de notre jeunesse, en évoquant les heures enfuies.

La Vieille Dame. — De douces heures, monsieur, — elles furent pour moi, du moins, délicieuses et chères. Ah ! nous nous sommes bien aimés, Casimir, vers mil huit cent soixante.

Le Vieux Monsieur. — Hortense !

La Vieille Dame. — Oui, votre Hortense... une vieille grand'mère à lunettes, à cheveux blancs.

Le Vieux Monsieur. — Ah ! comme le temps s'enfuit !... Il me semble que c'était hier... Oui, oui, nous nous aimions bien ! Etions-nous fous alors !... Et justement, c'est notre folie d'antan qui nous réunit sans doute aujourd'hui !

La Vieille Dame. — Je ne vous comprends pas.

Le Vieux Monsieur. — Que faites-vous à Vichy ?

La Vieille Dame. — Un spécialiste m'a dit que l'eau des Célestins me serait salutaire ; je souffre depuis longtemps d'une dyspepsie très douloureuse, sans comptēr une infinité d'autres misères, des névralgies, une sciatique, un lombago.

Le Vieux Monsieur. — Je suis tout aussi mal hypothéqué, ma bonne Hortense. Perclus de rhumatismes, torturé par les gastrites, sans compter aussi une affection cardiaque, un asthme, un peu de goutte... Tout cela, c'est la suite de nos belles imprudences passées...

La Vieille Dame. — Vous croyez ?

Le Vieux Monsieur. — J'en suis bien sûr. Nous avons fait l'un et l'autre tout ce qu'il fallait pour détraquer notre santé. Nous avions vingt ans : nous pensions que notre jeunesse serait éternelle... nous ne songions pas aux conséquences de nos folies.

La Vieille Dame. — Voyons, voyons..; avons-nous donc été si fous que cela ?

Le Vieux Monsieur. — Oh ! je ne me repens pas ; je ne regrette qu'une chose, n'avoir pas abusé davantage de ma force et de ma vigueur. Je n'ai cependant que des remords très modérés, car si j'ai bonne souvenance, nous n'avons pas été des amants transis.

La Vieille Dame, *souriant*. — Non, vraiment non. Vous étiez terrible, Casimir ! Ah ! quand j'y pense encore — hé ! oui, il m'arrive d'y penser, et souvent— je ne puis croire à nos audaces, à nos aventures... Il en est de si fortes que je n'oserais pas même vous les rappeler...

Le Vieux Monsieur. — Ah ! oui... cette fois... en pleine rue.

La Vieille Dame. — Nous étions toqués.

Le Vieux Monsieur. — Un peu, j'en conviens. Car enfin les refuges ne nous manquaient pas. Mais nous avions la rage de nous aimer ainsi, comme des gamins, partout. Quand je vous rencontrais, aussitôt je perdais la raison : je ne pouvais attendre. Je vous prenais d'abord le bras, — dès le premier contact tout entier, je flambais. Je voulais votre bouche. Alors, c'était fini. Je ne voyais plus rien, que vous, vos chers yeux, vos douces lèvres. Oui, c'était

du délire, de l'ivresse... Dans cette rue déserte, je me souviens, un soir d'hiver, enveloppés dans nos manteaux, nous avons commis ce joli péché d'amour... Votre sciatique, mon amie, est une relique, sans doute, de cette belle soirée...

La Vieille Dame. — Si je vous croyais, Casimir, il me semble que je l'aimerais, cette méchante sciatique...

Le Vieux Monsieur. — Nos névralgies, Hortense, nous les avons recueillies un peu partout ; sur les bancs de pierre qui furent plus d'une fois nos divans ; dans les herbes humides où des heures et des heures nous restions couchés, parfois dévêtus, exposés aux froideurs de l'air qui ne pouvaient alors rafraîchir la chaleur de nos bouches.

La Vieille Dame. — Etions-nous davantage prudents lorsque nous nous aimions dans des chambres bien closes?... Vous ne supportiez aucun voile, pas même la chemise... je devais aussi enlever mes bas... Si encore vous m'aviez soigneusement emportée dans le duvet des lits... Non... Vous n'aimiez pas le lit : c'était une manie. Vous préfériez un tapis, une fourrure... Voilà, je gage, l'origine de mon lombago.

Le Vieux Monsieur. — Quant aux gastrites, aux dyspepsies, elles sont aussi des restes de nos amours. La faculté défend toute... émotion après les repas. Si on écoutait ses prescriptions, on n'aimerait qu'après les digestions accomplies. Avons-nous jamais songé, mon amie, à toutes ces lois d'hygiène? Nous n'attendions même pas la fin du souper, pour goûter à ce que nous appelions le dessert : nous en faisions un entremets.

La Vieille Dame. — Ah ! le bon temps, mon ami !... Si la vieillesse est triste, pleine de mélancolies, elle a du moins d'exquis souvenirs qui éclairent nos derniers jours de rayons charmants... Et c'est mon seul plaisir aujourd'hui, me remémorer souvent nos folles aventures... Après vous, Casimir, d'autres m'ont dit la même chanson, l'éternelle chanson d'amour, je le confesse; mais nul n'a su me faire oublier votre chant. Vous aviez une belle voix, mon ami...

LE VIEUX MONSIEUR. — Je chantais clair. J'étais un coq!

LA VIEILLE DAME. — Et vous, pensez-vous quelquefois aussi à la petite Hortense de mil huit cent soixante?

LE VIEUX MONSIEUR. — A chaque accès de goutte, de gastralgie, de rhumatisme, — j'en ai plusieurs chaque jour, — je me dis, pour me consoler de mes actuelles douleurs : « Ça, mon bonhomme, c'est un souvenir de l'amie, l'amie folle autant que toi, qui s'associait si gentiment à tes caprices, à tes toquades, à tes fantaisies. » Et je nous revois, un instant, tous deux, si jeunes, si amoureux, si sincères, nous aimant — dans les rues et dans les bois...

Alors, au lieu de gémir et de ronchonner comme un podagre maussade, je souris aux évocations d'antan, je revis les amours passées, je retrouve ma petite Hortense aux lèvres fraîches, aux seins parfumés... Après notre rupture, des femmes et des femmes m'ont donné leurs baisers, qui n'ont pas effacé la trace de vos caresses... Hortense, plus d'une fois, je vous ai pleurée.

LA VIEILLE DAME. — Et moi de même, je le jure, Casimir...

LE VIEUX MONSIEUR. — Et voilà !... Les baisers, les larmes... c'est la vie... Nous avons vécu!

— Fiez-vous aux airs gourdes, en voilà un qui m'a collé une pièce en plomb.

— Que peut-on refuser à un homme qui envoie une pareille lettre d'amour ? Tout ce que tu voudras, mon chéri, tout, tout, tout...

— Croyez-vous que si chacun faisait de la mode à sa guise, les Boulevards y perdraient de leurs charmes ?

Lui. — C'est le médecin qui m'écrit qu'il va passer toucher ses honoraires...

Elle. — Si je le recevais... Il y a des femmes qui paient, comme ça, les dettes de leur mari.

— Ah! tenez, vous me rasez avec vos affaires de Chine... J'ai bien assez des miennes...

LE BRIGADIER SUZANNE

Il y avait six mois que Louis Dussant était engagé aux dragons du quai d'Orsay, et huit semaines qu'il avait pour maîtresse l'affriolante Suzanne, une grande et jolie brune du Jardin de Paris, lorsqu'il se vit contraint par une lettre autoritaire de l'auteur de ses jours, et aussi par la vacuité diabolique de sa bourse, à passer son congé de Pâques à la maison paternelle, au beau milieu du Limousin.

Ce n'était point absolument un voyage d'agrément.

M. Dussant, retiré du notariat après quarante-trois ans d'exercice, avait gagné à ce labeur sédentaire plus d'aisance que de bonne humeur et il plaisantait à peu près toutes les fois qu'il lui tombait un cheveu. Je me hâte d'ajouter qu'il était horriblement chauve; avec cela, myope comme une taupe et sourd comme une concierge sans étrennes ou un président d'assises, à votre choix. Resté veuf depuis dix ans, il adorait son fils, à la manière habituelle des familles, lui mesurant l'argent et lui prodiguant les conseils.

La perspective d'aller passer huit jours auprès du vieux et surtout de laisser Suzanne à Paris n'avait rien de séduisant. D'autre part la lettre paternelle n'admettait pas de transaction : elle menaçait de couper les vivres.

Comme il arrive toujours en pareille circonstance, ce fut la femme — ces êtres sont nos maîtres en roueries — qui trouva une combinaison géniale à la suite de laquelle le vieux notaire reçut ce simple télégramme : « *Arriverai demain avec mon brigadier, Louis.* »

Le lendemain, en effet, Louis montait dans le train, accompagné de Suzanne qui avait endossé une tenue numéro un, prêtée par un brigadier complaisant. La poitrine bombait bien un peu sous le dolman, et le postérieur aussi : mais c'est une élégance dans la cavalerie. Enfin les cheveux relevés disparaissaient complètement sous le casque à longue crinière noire. Il faudrait bien, une fois arrivés à destination, que le faux brigadier se décoiffât. Mais Louis avait escompté la myopie paternelle.

. . . .

— Bonjour, papa. Je te présente mon brigadier.

— Ah! ah! soyez le bienvenu, mon ami.

Et la conversation s'engagea dans la pénombre du petit salon familial, bourgeois et vieillot.

— Alors, vous n'êtes pas trop mécontent, brigadier, du service de mon fils?

— J'en suis ravi.

— Il monte bien?

— Dans la perfection.

— Du jarret, du nerf, hein?

— Beaucoup.

— Je fais de mon mieux, papa.

— Et les classes à pied? Portez armes! Présentez armes!

— Il présente les armes comme un ancien.

— Et le tir à la cible?

— Ça, c'est son fort. Il met dans le noir à tout coup.

— Vrai?

— Parole d'honneur, monsieur.

— Mon brigadier oublie de te dire, papa, qu'il m'aide un peu dans ces exercices-là.

— Je vous en remercie, brigadier, et je n'oublierai jamais les bontés que vous avez pour ce gaillard. Maintenant, franchement, là, entre nous, les... petites femmes?

— Ah! je voudrais bien l'y pincer!

Suzanne avait mis une telle conviction dans cette exclamation que le vieux notaire en fut touché.

— Mais vous êtes un dragon de vertu.

Louis se mordait les doigts pour ne pas s'esclaffer.

— Ah! mes enfants, le beau métier que le vôtre! Comme le dit à peu près Victor Hugo, j'aurais été soldat si je n'étais notaire. Malheureusement les soldats d'aujourd'hui ne valent pas ceux d'autrefois. Ah! le service de sept ans! C'était alors la belle époque! Ainsi, moi qui vous parle, j'ai été blessé en Algérie, mis à l'ordre du jour à Inkermann, décoré à Solférino.

— Toi, papa! mais tu ne m'en avais jamais parlé!

— Moi, c'est-à-dire mon remplaçant, mais c'est la même chose puisque je l'avais payé. Aussi, il me semblait que lorsqu'il a été tué au Mexique, le gounernement aurait bien pu me donner sa croix d'honneur. Il ne l'a pas fait. Cette injustice de l'Empire m'a rendu républicain. Mais, j'y pense, vous devez être exténués. Je vais vous indiquer vos chambres respectives.

— Papa, j'aimerais mieux que tu me donnes ici, comme au quartier, mon brigadier pour camarade de lit. Nous avons l'habitude de coucher ensemble.

— Soit, mes amis, on va vous donner une chambre à deux lits.

C'était un de trop, car lorsqu'au matin la vieille bonne entra, sur la pointe du pied, dans la chambre des dragons, elle trouva sur le même oreiller deux têtes très lasses dont l'une n'avait gardé de sa tenue militaire de la veille qu'une belle et naturelle crinière d'un noir de jais.

Elle se précipita tout effarée.

— Monsieur, monsieur! le brigadier est une femme!

Réveillés par ses cris, les deux amants se précipitèrent hors du lit, se vêtirent à la hâte et se présentèrent en grande tenue à M. Dussant qui accourait.

— Ah! mes enfants, figurez-vous que cette pauvre Eugénie est devenue folle. Elle a pris la crinière de votre casque, brigadier, pour des cheveux de femme. Pauvre cervelle!

Et désireux de calmer sa bonne en l'instruisant un peu, le vieillard lui commanda d'approcher et de tirer de toute ses forces sur la crinière, qui naturellement résista.

— Apprends donc, ignorante, ajouta-t-il, ce qui différencie le casque des pompiers de celui des dragons : les dragons ont une queue.

Louis et Suzanne acquiescèrent, froidement.

Frison.

— Si j'étais un homme, ce que j'en ferais des folies pour des nichons comme ça!...

LES ABONNÉS DE L'OPÉRA

— Si vous vouliez, je pourrais être abonné à vos lundis matins.

LUI. — C'est égal ! A vingt ans, il ne fallait pas m'en promettre !...
ELLE. — Et aujourd'hui, il ne faut plus t'en demander !...

— Il ne faut pas dire du mal de Ferdinand, disait la blonde T... à la baronne B... C'est mon premier amant.

— Tiens, je croyais que c'était Paul ?

— Ah ! Je t'ai parlé de Paul ? Oui, c'est vrai... mais Ferdinand aussi.

***

Chez un bottier des boulevards, la petite Z... essayait avant-hier une paire de bottines.

Elle en mit une, puis, avant d'enfiler l'autre, elle déclara :

— Elles me vont bien, mais trente francs c'est un peu cher.

— Comment, cher ? protesta le commerçant étourdiment. Il y a déjà pour vingt francs de veau dedans.

***

Dans une agence matrimoniale, le client, émerveillé de toutes les qualités de la future qu'on lui proposait, objectait, incrédule :

— Mais ce n'est pas possible ; cette jeune fille doit alors avoir une tare...

L'agent, qui s'évertuait à caser une bossue, eut recours à cet euphémisme charmant :

— Voilà. Elle a une épaule superbe, mais l'autre est beaucoup moins bien...

Mᵐᵉ N... recevait hier la visite d'une chère amie qui, après avoir un instant parlé chiffons lui fit obligeamment observer :

— Il paraît que votre mari se dérange... il sort beaucoup le soir... N'avez-vous pas peur qu'il donne des coups de canif dans le contrat?

— Non; sous ce rapport je suis parfaitement tranquille; il y a longtemps que son canif ne coupe plus.

***

A propos d'une dame qui fait de vains efforts pour réparer des ans l'irréparable outrage :

— Autrefois elle était trottin.

— Et aujourd'hui elle est trop teinte.

FAUTE DE SIX VICES

Elle était bougrement jolie...

Petite femme de taille moyenne ; rose, blanche et ronde comme pas ; ou plutôt : rose, ronde et blanche comme son prénom — car elle s'appelait Blanche Romainville ; — drolichonne, folichonne, tout ce que vous voudrez en « onne »; elle avait :

Toutes ses dents ;

Un coquin de petit nez en l'air où tombait la pluie d'avril ;

Deux yeux, grands comme le monde, qui méditaient toujours Dieu sait — et encore ! — quelle espièglerie ;

Des mains !

Des pieds !

Une taille !

Des bras !

Des épaules !... Mais arrêtons-nous ici ; l'aspect de ces montagnes, pareilles aux bombes, crèmes et fraises des glaciers...

Une bouche ! Des cheveux !

Vingt ans ;

Une cervelle d'oiseau ;

Un mari modèle ;

Enfin, un superbe chien danois — cadeau de celui-ci — et qu'elle baptisa « Allah ».

— Pourquoi, Allah ? demanda Romainville.

— Parce qu' « il est grand » ! répondit-elle.

Devant une logique aussi irréfutable, il n'y avait qu'à s'incliner. C'est ce que fit le mari.

Blanche avait encore un parfumeur, mais qu'elle ne garda pas longtemps ; voici encore pourquoi :

Lasse des éternels corylopsis, vio-lettes, héliotropes, etc., elle lui fit, pour changer, une commande de *sui generis*.

— Sui generis ! fit le commerçant interloqué. Qu'est-ce que c'est que ça ?

Il ne connaissait pas l'odeur à tout instant citée dans la littérature à la mode !

Qu'est-ce que c'était que ce fournisseur de l'ancien temps ? Blanche — ou plutôt Mme Blanche Romainville — ne pouvait décemment lui conserver sa pratique !... Elle la lui retira.

En dépit de quelques petits défauts, — parmi lesquels un esprit supérieurement fantasqué, — elle constituait en somme un ensemble absolument agréable, gracieux, charmant, spirituel, et qui faisait des béguins à remuer à la pelle.

Mais que lui importaient les béguins !

M. Romainville, ravi de posséder un aussi rare joyau, l'idolâtrait et lui passait tous ses caprices.

En retour, elle ne pouvait faire moins que de vouer à Romainville toute la somme d'adoration dont un petit cœur bleu pouvait disposer à l'égard d'un grand crocodile adoré — sans souci des autres crocodiles.

Aussi le ménage Romainville était-il le plus heureux qu'on pût voir.

Toutefois, l'amour de madame pour monsieur n'allait point encore sans un doigt d'originalité. Tout en l'aimant, elle lui en faisait voir parfois de grises ; même de vertes, même de toutes les couleurs.

Un jour, entre autres, ne s'avisa-t-elle pas de prendre un amant ? Horreur !...

C'en était une en effet... que l'objet du dévolu de Mme Romainville : un long sec, chauve, édenté ; affublé d'un nez qui aurait pu poser pour la statue de la Liberté ; cérémonieux comme la lune ; élégiaque comme la pluie ; et que pareille bonne fortune — inconnue jusqu'à ce jour — porta au paroxysme de l'ivresse.

Malheureusement, il rêva — ô illusions de nos cœurs masculins... et pluriels ! — pouvoir obtenir beaucoup plus qu'il ne lui échut. S'imaginant avoir jeté dans le cœur de Blanche le classique « coup de foudre », et y avoir allumé enfin cette passion poétique après laquelle il soupirait depuis quelque trente années, et en vertu de laquelle on projette de partir ensemble dans une île déserte, il ne fut admis à rien du tout.

La jeune femme, continuant à n'adorer que ce « gros loup de Mainville », n'avait accordé un rendez-vous au grand sec que pour le caprice de... devinez quoi ? de pouvoir le contempler en sa ridicule anatomie, non pas seulement dans le plus simple appareil, mais dépourvu de toute espèce d'appareil, et s'en égayer copieusement.

Une farce. Le plaisir des yeux. Simplement.

Le grand sec en fut si profondément vexé, et à ce point désenchanté, que, renonçant désormais au monde, il entra en religion.

Jamais Blanche ne se douta des ravages qu'elle avait faits dans ce cœur de quarante-huit ans.

Inconsidérément elle courait au-devant des catastrophes.

A quelque temps de là, elle résolut subitement de divorcer. Pourquoi ? Elle n'en savait rien. Une idée qui lui passait par la tête. Et, dame, ce qu'une femme a dans la tête, on ne peut pas...

comme dit le proverbe. Surtout quand c'est une jolie femme, et qu'elle ne veut pas entendre raison.

Elle s'en fut trouver Me Lecourbe, — docteur en droit, — un jeune et élégant clubman du barreau, qui s'était fait l'agréable spécialité de défendre les dames du monde contre les abus de leurs maris. Elle lui exposa le but de sa visite.

— Voyons... dit l'homme de loi, après avoir attentivement écouté en caressant une barbe longue, et soyeuse, et artistement taillée en éventail ; nous ne pouvons cependant pas introduire notre demande sans un motif valable ?...

— Trouvez-m'en un ! répliqua Blanche, qui n'était pas habituée aux obstacles.

— C'est que... le Code les a fort limités, les motifs !... Voyons, votre mari, par hasard, vous serait-il infidèle ?...

— Pour ça, non, j'en réponds !... affirma-t-elle avec sécurité.

— Remplit-il exactement tous ses devoirs conjugaux ?...

« Serait-il peut-être coupable à votre égard... de sévices graves ?...

— Sept vices ? Oh ! non, répondit-elle étourdiment ; je ne lui en connais qu'un ! Et encore, celui-là, je ne m'en plains pas !

. . . .

Croiriez-vous que cet animal d'avocat en resta tellement estomaqué qu'il ne trouva rien à ajouter ! Quel mufle ! Il mériterait le prix Montyon !

Quant à Blanche, faute de six autres vices graves qui manquaient à son mari, elle fut obligée de renoncer à son projet, et de se remettre comme par le passé à « radorer Mainville ».

Ce dont elle se trouve fort bien aujourd'hui. Et lui pareillement.

HENRI BACHMANN.

— Dire qu'il va venir avec de la galette, et qu'il va falloir faire
encore semblant de l'aimer.

— C'est sans doute pour m'épater, dis, mon p'tit, que tu restes étendu une demi-heure sur la *chaise !...*

NOS ARTISTES

— De quoi? pas assez de nichons, pour votre sale théâtre de quartier? Mais si j'les avais plus gros, y a longtemps qu'Gailhard m'aurait prise à l'Opéra.

PETITE BONNE

Elle. — Môssieu n'est pas sérieux.

Lui. — Avec ça, j'ai promis à ma famille de quitter la mauvaise vie *pour la bonne*.

LE TRUC DE FLORA

Mlle Flora Cygne, chanteuse de genre à l'Alcazar de Beaulieu-sur-Saône, avait très gravement insulté le plus notoire électeur de l'endroit, le gros notaire Balouil.

Comme celui-ci, à la quête, ne lui avait donné que deux sous, elle l'avait traité de « nib de braise », ce dont le grave personnage fut offensé.

Aussi, le lendemain, fit-il son entrée dans le bureau du commissaire de police de la localité, le ventripotent M. Tampyr. Celui-ci le reçut, d'ailleurs, avec obséquiosité et déférence.

Quand il sut de quoi il s'agissait, le magistrat entra dans une violente colère :

— Ces filles de joie, dit-il, deviennent trop hardies, je vais m'en occuper; je fais mon affaire de votre réclamation, cette fille quittera la ville dès ce soir.

Et un agent du commissariat partit transmettre la décision du représentant de l'autorité à la représentante de la vie joyeuse.

Celle-ci, que la protection du châtelain rassurait sur l'issue de l'affaire, s'en fut sur-le-champ passer un chapeau des plus catapultueux et tomba en ouragan dans le bureau du commissaire.

— Monsieur, lui dit-elle, je vais obéir à votre injonction, mais je vous avertis d'une chose : le lendemain de mon départ, je publierai une certaine correspondance que j'ai volée dans le tiroir du lieutenant Foranlair, et qui établit, d'une façon indubitable, le raccord que Mme Nossain, la femme de votre sous-préfet, établissait entre les divers pouvoirs publics.

L'infortuné commissaire entrevit, dans une hallucination épouvantable, les conséquences de cette divulgation, dont la moindre pour lui devait être la révocation; et, terrifié, il accorda un sursis, en se promettant de chercher le moyen de concilier l'obéissance due à l'électeur influent et le ménagement prudent à observer vis-à-vis de son chef hiérarchique.

Le lendemain, il tombait chez Flora Cygne.

— Ma bonne amie, lui dit-il, je vous en prie, faites quelque chose pour moi. Allez faire des excuses au père Balouil. Au besoin, accordez-lui quelques privautés, laissez-le même faire ce qu'il voudra, faites-le pour moi qui ai toujours eu envers vous les meilleurs procédés.

— Oui, dit Flora un peu émue, je veux bien; mais je connais le vieux grigou, il ne marchera pas, et moi je ne marche pas à l'œil.

— Eh bien! dit le commissaire haletant d'angoisse, voici deux louis que je prélève sur ma bourse qui est maigre. Puis-je faire venir M. Balouil en lui disant que vous voulez lui faire des excuses?

— Parbleu!

Une heure après, Flora était sur les genoux du grand électeur.

Deux heures après, elle rentrait chez elle avec le caleçon du bonhomme dans un journal.

Le lendemain, il vint à l'Alcazar; elle lui tint à peu près ce langage :

— Mon bonhomme, tu as voulu me faire expulser d'ici et tu t'es payé mes faveurs à l'œil. Si tu n'aboules pas dix louis de suite, j'envoie ton caleçon à ta femme.

Le grand électeur s'exécuta.

Le lendemain, Flora quittait la ville

pour voler vers d'autres engagements. Avant de partir, elle s'en fut trouver le commissaire de police et lui dit :

— Toi et les tiens, vous n'êtes que de vieux mollusques ; vous faites les malins quand vous vous croyez les plus forts, et quand il y a la moindre des choses qui est contraire à vos intérêts, vous flanchez. Tu m'as casqué deux louis, ton marron sculpté de Balouil m'en a donné dix. Vous êtes deux moules, car, indépendamment que je n'avais aucun papier, le lieutenant dont je t'ai parlé n'existe même pas dans la ville. Si tu ne connais pas celle qui se fout de toi, regarde-moi, tu seras fixé.

Francis Danasy.

— Il est impossible, monsieur, de continuer la conversation sur ce ton, c'est offenser ma pudeur...

— Chaque théâtre a ses habitudes. A la Comédie-Française,
on annonce le lever du rideau par trois coups... Aux Folies-
Gigolette, on finit par là.

PETITE FEMME EXIGEANTE

— Ben quoi, tu arrives encore les mains vides?
— Te plains pas. Je n'ai que les mains, de vides!

— Le bon chien, v'là dix minutes qu'il fait le beau et reste sur le cul, pour un morceau de sucre!... Pas une femme ne ferait ça!...

— Qu'est-ce que j'ai donc fait pour avoir les yeux culottés comme ça?...

BONNE FORTUNE

Un beau jour qu'il pleuvait, le vicomte Firmin de Salsac quitta les terres paternelles pour venir voir l'Exposition.

Dire que l'Exposition fût la véritable cause de son déplacement serait inexact.

Ce qu'il désirait admirer surtout, c'étaient des Parisiennes, non pas des Parisiennes comme celle qu'on a sculptée sur la porte Binet; mais des Parisiennes en chair et en os (beaucoup de chair et très peu d'os); de ces petites femmes — quelquefois grandes — qui tiennent le record parmi nos belles contemporaines.

Jeune comme on l'est à vingt ans et fat comme un hobereau, le vicomte s'autorisait de deux succès, dus à sa verdeur, à sa bourse et à son titre, pour rêver de troublantes aventures, imaginer d'inédites délices et s'entrevoir déjà le héros d'extraordinaires romans d'amour.

Tiens, pourquoi pas? Lui aussi bien qu'un autre!

Tel était son état d'âme quand il débarqua dans la capitale.

Il s'en fut d'abord au théâtre, entendre Sarah Bernhardt. Elle lui parut maigre, quoique tout de même épastrouillante.

Lentement il sortait, encore sous le charme des tirades de la grande tragédienne... Sur le trottoir, les camelots criaient :

— En voulez-vous des z-homards ?

Quand il se sentit appréhendé au bras par une adorable petite dame qui avait l'air tout effaré :

— Monsieur, je vous en prie, je viens d'égarer mon mari dans la foule; seriez-vous assez aimable pour m'aider à retrouver ma voiture ?

La voiture était un équipage luxueux, attelé de deux coursiers fringants — avec cocher et valet de pied en livrée — et une couronne de marquis.

Sur une gracieuse invitation de la marquise, le vicomte y monta avec elle.

Vingt-neuf minutes plus tard, Firmin, grisé, complètement fou, aidait galamment la capiteuse personne à descendre dans la cour d'un somptueux hôtel du quartier Marbeuf.

En route, tous deux avaient fait connaissance. La marquise appartenait à la plus vieille noblesse; et, précisément, — c'est curieux comme on se rencontre dans la vie, — elle se trouvait avoir des amis qui, eux-mêmes, étaient amis avec des parents du vicomte.

Elle offrit à son aimable accompagnateur de le présenter au marquis. Ils montèrent.

— M. le marquis a été forcé de s'absenter subitement pour le service du roi, annonça mystérieusement un valet.

La marquise expliqua à Firmin que son mari, faisant partie d'une société secrète royaliste, se voyait souvent requis de la sorte; qu'il ne rentrerait probablement que très tard dans la nuit.

Néanmoins, le vicomte, que la soirée avait creusé, accepta volontiers de se mettre à table avec la marquise, qui avait grand'faim.

Un souper au champagne se trouvait servi dans un exquis boudoir Pompadour, en forme de demi-rotonde, amoureusement et complètement capitonnée — excepté la cloison plane qui consistait en une glace merveilleuse tenant toute la largeur, et allant du plancher au plafond.

Les domestiques se retirèrent.

Inutile d'insister sur l'état psycholo_

gique du bienheureux Firmin pendant cette piquante aventure.

La marquise, énervée par les vapeurs du festin, s'égayait, devenait de plus en plus accessible aux déclarations.

Habitué aux choses féminines depuis ses deux conquêtes de Trous-ton-pète-lèze-Pommeraie, le vicomte ne s'étonna nullement d'avoir provoqué le béguin subit d'une mondaine, évidemment névrosée. Il se contenta de s'en féliciter *in petto* (si l'on peut se servir d'une expression aussi malpropre).

Et, sans scrupule pour les égards dus à l'hospitalité, il faisait de grands efforts pour engager la marquise à piétiner avec lui les plates-bandes de l'honneur du marquis.

Elle résistait, arguant mille coquetteries.

Enfin, elle se rendit. Mais — fut-ce par un sentiment de suprême pudeur, fut-ce par un simple caprice de femme, *chi lo sa?* — à une condition :

C'est qu'il aurait les yeux bandés. Excepté le bandeau, il serait libre d'enlever son binocle, ses chaussettes, son caleçon, tout ce qu'il voudrait.

Mais il fallait qu'il la prît à colin-maillard.

S'il parvenait à la saisir, il pourrait à son tour lui faire subir le traitement qu'il lui plairait, elle n'aurait rien à lui refuser.

Ils passèrent ensemble une heure de délire . . . .
. . . . tout ce qu'il y a de plus pornographique.

Après quoi Firmin se retira, par crainte du mari qui pouvait rentrer d'un instant à l'autre.

Mais non sans emporter dans son cœur un souvenir ineffaçable... et, dans son calepin, une invitation de la marquise à son *five o'clock* du lendemain.

Je vous laisse à penser si le vicomte fut exact, et ganté de frais.

— Mᵐᵉ la marquise n'est pas chez elle, lui répondit un larbin impassible.

Aussi surpris que désolé et confus, Firmin fit valoir sa lettre d'invitation.

— Ah! dans ce cas, c'est différent, ou plutôt, c'est vingt francs, répondit le larbin.

Et avant que Firmin eût le temps — même en automobile — de revenir de son étonnement, il se trouva introduit dans l'obscurité d'un vaste salon, sorte de théâtre avec loges de velours, rangées en amphithéâtre.

Il y avait environ trois cents vieux messieurs qui, bercés par les accords d'une musique en sourdine et lente, savouraient un spectacle identique à celui dont lui-même avait été acteur la veille.

Henri Bachmann.

— Depuis quelque temps, tu ne penses qu'à te marier, tu dois
mal manger à ton restaurant, mon chéri ; fais attention, tu dois
avoir une maladie d'estomac,

— Je venais, madame, pour le petit compte que...
— Mon cher monsieur, je regrette infiniment, mais j'ai plaqué le comte depuis trois semaines.

LES " PETITS TROUS "

— Non, l'amour, ne naît pas dans l'écume des vagues qui battent les plages mondaines et viennent mourir avec de languides coquetteries sur les terrasses des casinos. Et seuls de jeunes hommes, très inexpérimentés, espèrent encore des idylles dans les cités somptueuses de la mer, les Ostende, les Dieppe, les Trouville. Là règne seulement le flirt pâle et sans parfum avec les demi-vierges chlorotiques ou leurs mamans obèses, amantes aux croupes lourdes, aux tétons abondants, mais aux lèvres poilues, aux faces congestionnées et plaquées de rougeurs. Si vous voulez trouver de l'amour passionné, qui hurle en tempête, comme l'Océan les nuits d'orage, il faut chercher les petits trous perdus dans les grèves ou les roches, les coins où se réfugient celles qui n'aiment pas les comédies mondaines, grandes dames avides d'un peu de vrai repos dans la pleine nature, ou bourgeoises aux ressources trop modestes pour affronter le faste des villes en renom.

« La molle oisiveté des longues journées passées à contempler l'immensité du ciel et de la mer, les crépuscules enflammés d'horizons rougeâtres, de flamboiements d'or et de mauve, et les nuits mystérieuses de clairs de lune moirant la nappe frissonnante, toute cette magie marine — que n'abolissent pas la musique des casinos, la présence des croupiers — allume aux chairs de vif et fort amour. En sortant de leur bain, les baigneuses de ces plages sauvages sont vraiment des Vénus naissant de l'onde aphrodisiaque...

Tout en se préparant pour le prochain départ vers la côte encore inconnue où son caprice, cette année, s'arrêterait, Yvon de Pontorson me disait sa haine farouche des grandes stations de Bretagne et de Normandie.

— Mais pourtant, répondis-je, si j'en crois les gazettes, tu signalais jadis ta présence en ces parages par des bonnes fortunes innombrables.

— Oh ! je ne jeûnais pas, sans doute ? j'en serais mort. Mais au lieu des régals nouveaux, je me repaissais de baisers sans parfum, d'étreintes sans beauté. Et les bras qui se liaient à mon cou, les bouches qui se pâmaient ou simulaient le trouble, c'étaient les mêmes bras et les mêmes bouches que j'avais dégustées déjà maintes fois, avec si peu de joie, en mes cinq à sept de luxure parisienne. L'an passé, j'ai connu les longues privations de caresses, pendant des semaines je me suis morfondu, en un pays barbare où ne va nul touriste. C'était dans la baie du Mont-Saint-Michel, loin des chemins de fer et des routes parcourues par les diligences et les coches. Un hameau, pas d'hôtel : une auberge rustique de pêcheurs me donna l'hospitalité.

« Le paysage était grandiose. Rien que la mer et la grève, et tout au fond de la baie, là-bas, épanouie en la brume d'azur des matins clairs, la merveille, plus belle ainsi, dans le lointain mystérieux. Mais au bout de huit jours, mon atroce tempérament se réveilla. J'allais, aux marées basses, épier les filles des pêcheurs, courant sur les sables, jambes nues, et si haut retroussées que, lorsqu'elles se penchent pour récolter les coquillages et les crabes, elles font voir plus haut que les mollets, les cuisses ombrées par le soleil et le hâle. Mais ces visions de chair nerveuse et masculine repoussaient mes regards, n'excitaient nul frisson en mes moelles. Ces jambes, ces formes absolument nues, étaient chastes et sans suggestion. Je n'étais pas hanté du désir d'être pris dans ces tentacules de pieuvres sans glu : jamais je n'éprouvai telle insensibilité devant le spectacle d'un peu de chair de femme. Je commençais à craindre je ne sais quel sortilège d'impuissance, lorsque je remarquai, un soir, dans l'auberge, une jeune fille que je voyais pour la première fois.

« Sous son pauvre costume de toile bise palpitait un corps diaboliquement tentant. Les deux seins dessinaient leur forme ronde et pleine ; la croupe et les hanches avaient des ondulations troublantes, obsédantes, à rendre fou.

« J'appris par mon hôtelière que la nouvelle venue était une parente de Cancale, dont le fiancé était mort à la pêche d'Islande et qui avait juré fidélité au mort. Le serment de la vierge veuve sollicita plus vivement mon vice, et je ne songeai plus qu'à vaincre cette enfant.

« Tous les vieux procédés par lesquels on attaque nos bonnes amies les belles dames devaient, je le savais, demeurer sans succès. Les regards adorants, les très douces paroles, essayés cependant, furent en pure perte. Alors, sans plus tarder, j'eus recours au grand jeu de messire le diable, qui est et qui sera toujours la plus sûre méthode pour fasciner la femme.

« Je courus un jour jusqu'à Saint-Malo, et j'y fis provision de rubans, de costumes, bijoux, d'un tas de fanfreluches que j'enfermai dans un coffre et que j'apportai à l'auberge, les dissimulant sous l'enveloppe d'une vaste valise.

« Un soir que ma Cancalaise s'était enfuie vers la grève seule, pour y rêver peut-être au bien-aimé, j'allai tout simplement déposer le coffre sur son passage, et de loin j'épiai. Elle aperçut l'objet, le récolta, puis, sitôt rentrée, examina sa trouvaille.

« Ainsi que ses parents les aubergistes, elle fut persuadée que la mer avait jeté cette épave sur la côte. On la brisa, pour en avoir le contenu. Et ce fut un grand cri de joie, devant les rubans, les dentelles. La petite retira, joyeusement, un costume coquet de femme, les fins bas de soie noire, les petites bottes de cuir fauve, la chemise brodée, le petit chapeau de paille garni de muguets et de roses.

« — Pourquoi n'essayez-vous pas ces jolies choses ? » murmurai-je.

« A cette invitation, je vis une flamme en ses yeux. J'avais deviné son désir. Mais elle n'osait pas : elle craignait des moqueries.

« — Je suis certain, lui dis-je, que vous auriez, avec cet attifage, l'air d'une belle demoiselle de la ville.

« — A quoi bon ? fit-elle, tandis que ses doigts soulevaient le chapeau et lentement, lentement, le portaient vers la tête.

« — Essaie donc, Louisette, dit aussi l'aubergiste. C'est à toi, cela : il faut bien utiliser ces hardes. Tu les porteras les jours de fêtes.

« — Mais c'est trop beau pour moi, ces affaires-là...

« — Sûrement, s'il fallait les acheter ; mais puisque c'est le bon Dieu qui te les envoie. »

« La jeune fille posa le chapeau sur ses cheveux d'or fauve, se regarda dans un miroir et parut mécontente.

« — Non, ça ne me va pas ! » fit-elle, un peu irritée.

« Doucement j'approchai ; je conseillai une coiffure qui s'accorderait mieux avec le chapeau. J'aidai Louisette à délier les tresses primitives enroulées en chignon, je fis une torsade, j'ébouriffai quelques mèches sur le front, et je campai sur la chevelure le petit canotier fleuri.

« Alors, la mignonne eut une vive exclamation de joie, se trouva plus jolie.

« — Demain, dit-elle, j'essaierai les robes. »

« La maison n'avait qu'un étage. La

chambre de Louisette était près de la mienne. Au lieu de me coucher, ce soir-là, j'observai. Je savais bien que la petite Cancalaise n'attendrait pas au matin pour céder à la tentation de la toilette.

« En effet, dans la maison silencieuse où de suite l'aubergiste et sa femme s'étaient endormis, j'entendis le frou-frou des étoffes, un bruit léger de pas, et, ma porte ouverte, j'aperçus un rayon de lumière dans la chambre de Louisette.

« Par la serrure, je regardai. La petite déjà s'était parée de la chemise, et coiffée du chapeau. Ses jambes, que j'avais déjà vues sur la grève, maintenant sous des bas noirs, étaient plus charmantes et plus fines. Son corps se révélait, enchanteur, voluptueux, dans la buée blanche de la batiste...

« Elle continua sa toilette, mit la robe de foulard bleu qui était dans le coffre, noua à sa taille la ceinture de cuir blanc, et devant un débris de glace accroché au mur, elle se contempla, souriante, ravie.

« Alors, très doucement, j'entr'ouvris la porte, sans que Louisette m'entendît, tant elle était occupée à s'admirer.

« Je ne voulais pas pénétrer brusquement, effarer peut-être la jeune fille. Je regagnai ma chambre ; puis, brusquement, en ressortant, une lumière en main, je balbutiai :

« — Qui est là ? qui est là ? »

« Je ne craignais pas d'éveiller les aubergistes, habitués à dormir d'un très profond sommeil, que ne troublaient ni les rafales ni les tempêtes. Louisette apparut sur le seuil de sa chambre, un peu inquiète.

« — Ah ! lui dis-je, c'est vous que j'entendais sans doute. J'ai eu peur... je craignais que des mendiants ou des chemineaux ne se fussent introduits dans la maison pour la piller !

« — C'est moi, monsieur, répondit-elle, les yeux baissés, interdite. Pardonnez-moi de vous avoir éveillé.

« — Mais je ne dormais pas.

« — Excusez-moi.

« — Oui, certes, mais à la condition que je vais un instant pouvoir vous admirer. Que vous êtes jolie ainsi, on ne vous reconnaît plus !... mais il faut que je vous aide... cette ceinture est mal placée. Le nœud de ce ruban que vous avez au cou doit être sur la gorge et non pas sur la nuque. Tenez, maintenant, c'est parfait. Allez vous régarder.

« — Hélas ? je ne me vois guère dans ce débris de miroir...

« — Venez ; j'ai dans ma chambre une grande glace où vous vous verrez. »

« Louisette me suivit, sans hésiter. La coquetterie l'affolait. Elle me consulta et me permit de reviser sa toilette. J'ajustai le corsage, et sentis sous mes doigts la pulpe ferme et douce de la gorge qui se gonflait. Et, sous prétexte de nouer un lien, de rectifier un pli, mes mains s'emparèrent du corps tout entier, en caressèrent la chair exquise.

« — Mais, dis-je à Louisette, vous ne saurez plus vous déshabiller, maintenant. »

« — C'est vrai, » répondit-elle, troublée, comme grisée, surexcitée aussi par mes louanges et par l'emprise lente et sûre de mes doigts.

« Je la dévêtis donc, et lorsqu'elle n'eut plus que la buée blanche de la chemise et la brume noire des bas sur son corps frémissant, alors je la couvris de baisers. Elle se défendit un peu, très mollement, et nos bouches s'étant à la fin rencontrées, Louisette m'enlaça, s'accorda follement. Et chaque soir de cet août, la chère créature me donna des nuits de joie infiniment délicieuse. Sa passion était pareille à l'Océan ; tantôt douce, enveloppante, et tantôt tumultueuse ainsi qu'une tempête. Sa chair jeune et vibrante, née enfin à l'amour, voulait en savourer toutes les extases et m'offrait des fêtes incomparables qui furent closes par mon départ absurde. Un soir de septembre, pris soudain de la crainte d'être définitivement englué par le charme de ma petite sirène, que j'aimais ardemment, toute chair et tout cœur, je m'enfuis sans lui dire adieu, craignant la toute-puissance de ses larmes ou le triomphe de son baiser...

Yvon soupira :
— Pauvre Louisette !
Puis, une larme aux yeux, il gémit :
— Pauvre moi !

SAPHO

— C'est un monsieur du bureau de bienfaisance. Il prie madame de faire quelque chose pour les pauvres.
— Ben, dis-lui que je veux lui être agréable, et que je ferai une réduction de vingt pour cent à tous ses protégés.

Une brave mère qui a son aîné sous les drapeaux.

— Ah! le mufle, il m'offre cinq cents francs par mois. C'est maigre, au prix où est le... cœur !

FAÇON DE PARLER

— Le régisseur m'a dit: Ma p'tite, gentille comme tu es, n'aie pas le trac et fais-nous ton entrée *carrément*. Eh bien, j'sais pas comment faire, j'ai beau me regarder, je suis ronde de partout.

LE POÈTE ET LA BONNE

Romuald Sgnolard, poète symphoniste... finit de dîner... des deux sous de pain et trois sous de fromage, lorsqu'on frappe à la porte.

UNE VOIX. — Vous n'auriez pas une allumette?

ROMUALD. — Je ne sais pas.

UNE VOIX. — Alors, on peut entrer.?

ROMUALD. — Oui.

La porte tourne sur ses gonds et livre passage à une superbe fille. C'est une des bonnes qui habitent sur le même carré que Romuald.

LA BONNE. — Je ne vous dérange pas, voisin?

ROMUALD. — Non... je m'apprêtais à pondre.

LA BONNE. — A pondre?... Ah! que vous êtes rigolo!

ROMUALD. — C'est une façon de parler... Je veux dire à faire quelques vers.

LA BONNE. — Vous êtes poète, alors?

ROMUARD. — Vous l'avez dit.

LA BONNE. — C'est un bon métier, ça?

ROMUALD. — Ce n'est pas un métier!... C'est un état d'âme.

LA BONNE. — État ou métier... C'est toujours la même chose.

ROMUALD. — Il y a cependant une grande différence...

LA BONNE. — Ah!... Et c'est pour ça que vous portez les cheveux longs?

ROMUALD. — Non...

LA BONNE. — C'est égal, vous seriez peut-être plus gentil avec les cheveux ras.

ROMUALD, *froissé et digne.* — Je n'ai pas à recevoir de conseils.

LA BONNE. — Je n'ai pas dit ça pour vous faire de la peine... Voulez-vous être assez gentil pour me donner une allumette, alors?... Ah! maladroite que je suis.

Intentionnellement elle a laissé tomber son bougeoir; Romuald se recule pour ne pas gêner les mouvements de la bonne et celle-ci s'étale par terre.

ROMUALD. — Vous vous êtes fait mal?

LA BONNE. — Au contraire.

ROMUALD. — Asseyez-vous un instant sur le lit, ça va se passer.

LA BONNE. — Dites donc, il a l'air d'être bon, ce lit-là?

ROMUALD. — Oui, très bon.

LA BONNE. — On doit bien s'y reposer?

ROMUALD. — Oui, on y dort bien.

LA BONNE. — Vous devez y faire de beaux rêves.

ROMUALD. — Non. Je suis mieux devant ma table de travail.

LA BONNE. — Ah! comme c'est drôle!... Il est grand, on pourrait y tenir deux.

ROMUALD. — Oui.

LA BONNE. — Même avec une personne bien... portante comme moi.

ROMUALD. — En effet.

LA BONNE. — Tenez... mesurons, vous allez voir.

ROMUALD. — C'est inutile.

LA BONNE. — Pourquoi?

ROMUALD. — Parce que vous n'êtes pas appelée à y coucher.

LA BONNE. — Qu'est-ce qu'on en sait?

ROMUALD. — J'en suis certain... C'est le lit de ma mère quand elle était jeune fille et elle me l'a donné pour moi seul.

LA BONNE, *se levant et lui jetant un regard méprisant.* — Quelle gourde!

DONNERAY.

— Eh bien ! chéri, quoi que tu me donnes ?
— De dix-huit à cinquante ans.

— Autrefois, je travaillais, je me donnais du mal, je chantais dans les théâtres, ça me rapportait 200 francs par mois. Maintenant, dans les music-halls, je montre tout simplement mes nénés au public, et j'ai des engagements à 500 francs par soir.

La Conférence de la Paix.

Ne craignez rien, je ne veux point vous entretenir — ceci n'a rien de définitif, mesdames — de cette conférence qui siégea si inutilement à la Haye.

Je veux tout simplement vous soumettre une idée fort originale que vient d'avoir un apôtre dont je fis dernièrement la connaissance, et qu'il est indispensable d'avoir dans ses relations.

Cet homme — retenez bien son nom, individus du beau sexe? — s'appelle Ange Bienaimé. S'il est un nom prédestiné, c'est bien celui-là.

Cet homme, dis-je, navré de l'éternelle guerre qui s'allume quotidiennement au brasier du pot-au-feu dans les ménages, rêva, rêve encore de faire refleurir la paix entre les belles-mères et les gendres et brus.

Touchante pensée, mais pénible labeur !

Quoi qu'il en soit, Ange Bienaimé s'est mis stoïquement à son ingrate besogne et, après bien des veilles, après bien des démarches, il est arrivé à gagner quelques gens à sa cause.

Puis, le nombre de ses partisans grossissant peu à peu, il en a fait une société et cette société vient de tenir une première réunion préparatoire.

J'ai assisté à cette réunion, non pas que je sois en possession d'une belle-mère, mais parce que l'apôtre avait besoin de sentir autour de lui des aides et des sympathies désintéressées.

Cette réunion comprenait à peu près une cinquantaine de personnes. — Que de progrès encore à accomplir sur les millions de gens mariés !

Il y avait de tout dans cette agglomération de personnes : des hommes jeunes et vigoureux, portant beau ; des vieillards blancs et voûtés, qui depuis longtemps devaient avoir « fini de rire »; des jeunes femmes plutôt jolies et pas trop mal fagotées, aux yeux luisants et aux lèvres sensuelles; des matrones sèches ou ventripotentes, mais ayant toutes ce rictus désagréable, près de la lèvre supérieure, qui caractérise immédiatement la belle-mère.

Ange Bienaimé, après avoir ouvert la séance et rappelé en termes émus — tu parles ! — quel était l'objet de la réunion, adjura « ses sœurs et frères » de venir s'expliquer à la tribune sur ce qui les amenait à désirer la paix ou la guerre dans leur ménage.

Un homme à la moustache conquérante demanda la parole :

— Moi, dit-il, je désire que la paix qui existe entre moi et ma belle-mère continue, car elle ne me coûte, pour acheter son silence sur les fredaines que mon tempérament impétueux me pousse à commettre, que deux sous de tabac à priser par jour et un litre de rhum par semaine… Si je supprimais ces subsides, la guerre se déclarerait… et je perdrais la dot de ma femme.

— Moi, dit une belle petite femme, je désire la guerre, car ma belle-mère, qui tint jadis une maison close, veut me donner trop de conseils sur les différentes manières de remplir mes devoirs conjugaux… Or, mon mari se contente, jusqu'à présent, des formules les plus naturelles et les plus simples.

— Moi, dit une femme entre deux âges, forte en poitrine et en gueule, je me fous de la paix ou de la guerre dans leur ménage… Je suis en accord avec mon gendre et je le tiens… et voulez-vous savoir pourquoi je le tiens, mon gendre, hein?… parce que je couche avec !

Edmond Louis.

Lui. — Mais enfin, il te battait ?

Elle. — Je te crois ! C'est même le seul moment de... bonheur que j'ai eu avec lui !

— Chouette ! quelle noce ! Je peux m'offrir, ce soir, le luxe de dormir seule et de ronfler si ça me fait plaisir.

LES TRIOMPHES DE L'AMOUR

C'est en vain que les moralistes se sont jetés, comme une noire vermine, sur l'humanité, pour lui verser le triste poison de leurs doctrines, de leurs codes, de leurs tristesses, la créature humaine se débat, se défend ; et le grand soleil triomphant de l'amour a raison de tous ces microbes, il est vainqueur de toutes les ignominies.

Les triomphes de l'amour ont trouvé leur historien enthousiaste et fervent. Un romancier, dont les œuvres obtiennent le plus légitime succès, nous dit les conquêtes superbes, les larmes, les sourires, les extases, les allégresses des cœurs pris et brûlés, des chairs délicieusement incendiées par le grand feu de la passion.

Ses trois derniers livres, luxueusement édités, ornés de magnifiques illustrations, sont dans toutes les mains de celles et de ceux qui aiment !

Vierges en fleur. Ce roman nous dit l'éclosion de l'amour dans les âmes des jeunes filles modernes : les unes, dans leurs rêves exaltés de vingt ans, appellent la tendresse suprême, l'immense joie, la volupté divine ; d'autres, déjà gangrenées par la vieillesse ou la cupidité du siècle, désirent les unions riches, cherchent à fuir les flèches de l'amour. Mais toutes pareillement sont vaincues : elles se donnent ou sont prises ; elles connaissent la délectable ivresse, la plus magnifique des joies : le baiser !

Vierges en fleur, c'est le livre des baisers, des caresses, des étreintes ardentes, des alléluias passionnés.

Sarah la peau. Ici, l'amour triomphe des préjugés de races et de religions. Il est plus fort que Dieu lui-même. C'est la plus troublante et la plus éperdue des aventures d'amour, la passion y jette ses cris tendres et violents, de la première étreinte aux râles extasiés de l'agonie.

Ce roman se déroule dans des milieux pittoresques, ateliers de Montmartre, hôtelleries du plaisir, paysages enchantés de Paradis terrestre.

La Grande Passion, c'est une exquise et troublante page de l'adultère et de la vie parisienne. L'auteur aborde avec une audace vaillante les problèmes si scabreux de la stérilité volontaire du malthusianisme... Mais cette discussion n'est qu'un hors-d'œuvre du plus haut intérêt. L'aventure qui fait le sujet du livre est attirante et captivante. Aimer à corps perdu, avec toute la frénésie des lèvres gourmandes, toute la douceur et toute la rage des sens déchaînés, voilà la grande passion, le roman des amants qui ne vivent que pour s'étreindre et s'adorer !

Chacun de ces trois romans, illustrés de couvertures en couleurs et de nombreuses illustrations, se vend 3 fr. 50 chez tous les libraires, marchands de journaux et dans les gares.

NOS CLASSIQUES

Toujours par quelque endroit femmes se laissent prendre.
La Fontaine.

— Tes fleurs, j'm'en fiche... C'est pas avec ça que je paie le
couturier, la modiste, la lingère. Donne-les à ta femme, ça lui
fera peut-être plaisir.

Les petits cadeaux entretiennent l'amitié.

LA RECHERCHE DE LA PATERNITÉ

— Oui, mon ami, c'est de toi. C'est venu seul, rien qu'en mé regardant : tu sais bien que tu as les yeux *pervers*.

— Non, vous voyez, je ne pourrai sortir ce soir... j'ai une rage
d'Adam...

— Certainement que j'aime beaucoup les bains parfumés; mais personne ne s'en doute. Je serais si désolée d'être prise pour une femme légère !

NOUVELLE COLLECTION MÉRICANT

à 20 Centimes le Volume Illustré

En vente chez tous les Libraires, Marchands de Journaux, et dans les Gares

(Voir page suivante les conditions d'expédition et de règlement)

Depuis longtemps le Public a accueilli avec faveur cette collection. Son réel bon marché, les **350 volumes** qui la composent forment un choix remarquable d'ouvrages illustrés pour tous les âges et contient, en édition de poche, des séries très complètes de : Romans de Voyages et d'Aventures. — Romans Historiques et Scientifiques. — Romans historiques sur le Premier Empire. — Mémoires de M Goron. — Ouvrages de Littérature française et étrangère. — Romans et Études de Mœurs. — Romans Comiques. — Romans Militaires Comiques. — Ouvrages Humoristiques. — Drames, Comédies, Vaudevilles, Chansons. — Ouvrages Utiles et de Récréations.

OUVRAGES PARUS :

1. Amour d'Enfant, par Jules Mary.
2. La Jeune Sibérienne, X. de Maistre.
3. Bonheur Brisé, par A. Duchatelle.
4, 26, 74, 84, 112, 113, 120, 121. Péchés Roses (8 vol.), par C. Aubert.
5. L'Épreuve, par Charles Deslys.
6. Autour de la Gamelle, L. Marville.
7. Autour de la Lune de Miel, P. Poussille.
8. Petits Péchés, Charles Monselet.
9. L'Ingénu, roman de Voltaire.
10. Les Amours de Jeannette, par Léo Marville.
11. Un Jour d'Angoisses, P. Ginisty.
14. Les Femmes qui aiment, Fortunio.
15, 16. Manon Lescaut (2 vol.), par l'abbé Prévost.
17, 24, 53. Contes et Nouvelles (3 volume), par La Fontaine.
18. Le Boulet d'Or, par Jules Mary.
21. La Dot de Suzette, par Fiévée.
23. Zadig, par Voltaire.
25. Mariage aux Roses, L. Marville.
27. Tante Berthe, G. de Peyrebrune.
29. Chanvallon, par Charles Monselet.
30. Secrétaire des Nouveaux Mariés, par M. d'Arbaut.
31, 32. Paul et Virginie (2 vol.), par Bernardin de Saint-Pierre.
33. Voyage autour de ma chambre, par X. de Maistre.
34. Contes, de Perrault.
36. Au Mess, par Léo Marville.
37, 38. La Religieuse (2 vol.), Diderot.
39. Princesse, par G. de Peyrebrune.
41. Séduction, par Léo Marville.
42. Nos Femmes, Albin Valabrègue.
43. Emilie Jemmy, Gérard de Norval.
45. Le Lion amoureux, Fréd. Soulié.
47. La Vengeance d'un Savant, par A. Bleunard.
49. La Cuisinière du Foyer, H. Lozeral.
50. Les Séductrices, Paul Féval fils.
51. La Vieille Chanson française.
52, 71. Voyages de Gulliver (2 v.), Swift.
54. Hygiène pratique du Mariage, par M. d'Arbaut.
55. La Dette d'Honneur, D. Fabrice.
56. Usages du Monde, par la baronne de Savernon.
57. La Simonne, par Charles Deslys.
58. La Pâtissière du Foyer, par H. Lozeral.
59. Atala, par Chateaubriand.
60. L'Homme aux treize Lits, par D. Fabrice.
61. Les Enfants d'Edouard, par Casimir Delavigne.
62. Nouveau langage des fleurs. **
63. Nouveau Maître de Danse, par A. Hélie.
64. Christophe Colomb, J. de Riols.
65. Pékins et Troubades, G. Cerfberr.

66. Le Milliardaire, A. de Pletneff.
67. L'Armoire à Singe, D. Fabrice.
69. Daphnis et Chloé, par Longus.
70. L'Amour sous les Drapeaux.
73. Les Gaités de l'Uniforme, par Richard Cross-Country.
75, 75 bis. Le Trappeur du Kansas (2 vol.), par Camille de Cendrey.
76, 77. Les Amours d'une Princesse (2 vol.), par Odysse Barot.
78. Don Quichotte, M. de Cervantes.
79. Norah la Dompteuse, par G. Dancourt et G. Bertal.
80. Robinson Crusoé, Daniel de Foë.
82. Militaires et petites Femmes, par Richard Cross-Country.
85. Le Barbier de Séville, Beaumarchais.
86. Vieilles Amours, Claire Vautier.
87. Aventures du dernier Abencerage, par Chateaubriand.
88. Hélène de Chabry, P. des Brandes.
89. La Belle Armande, Ed. Cadol.
90. Contes à la Vapeur, par Guitton et Le Rouge.
91. Thérèse Aubert, Charles Nodier.
92. Rapins !, par Delphi Fabrice.
94, 98. Le Prisonnier de Sioux (2 vol.), par Camille de Cendrey.
95. Inès de la Sierras, Charles Nodier.
96. Criminel, par Jean Barancy.
99, 107. Croquis militaires (2 vol.), par J. Vingtrinier.
100. Le Cœur et l'Epée, R. Cross-Country.
101. Les Bouilleurs de Cru, Ed. Cadol.
102, 103. Faust (2 vol.), d'après Gœthe.
104. Képis, Galons et Chiffons, par R. Cross-Country.
106. Hamlet, drame de Shakespeare.
114, 115. Quentin Durward (2 vol.), par Walter Scott.
110, 116. La Fille du Grand Chef (2 vol.), Camille de Cendrey.
118. Le Commandant Savabarder, par Richard Cross-Country.
119. Mademoiselle de Marsan, par Charles Nodier.
122, 125. L'Ange des Frontières (2 v.), par Camille de Cendrey.
123. La Grande Sœur, par Abel Merklein et F. Beissier.
124. Les Cinq..., par A. Guignery.
126. L'Espion de la Reine, A. Guignery.
128. Guillaume Tell, par Schiller.
129, 130. Flèche d'Or (2 vol.), par Camille de Cendrey.
131. Contes du Pays de l'or, par Bret-Harte.
132. L'Amante Mystérieuse, L. Maurecy.

134. Werther, par Gœthe.
135. A toute Vapeur, par C. Debans.
136, 137. Roméo et Juliette (2 vol.), d'après Shakespeare.
138. Les Volontaires de Guise, par Adrien Guignery.
139, 140. L'Espion Indien (2 vol.), par Camille de Cendrey.
141. Le Capitaine Rouge, par Adrien Guignery.
142, 143. L'Auberge de l'Ours Noir (2 v.), par Camille de Cendrey.

Les Mille et une Nuits (4 vol.) :

144. Aladin, ou la Lampe merveilleuse.
148. Aventures de trois Calenders.
216. Sindbad le Marin.
265. Ali-Baba, par Galland.

145. Voyages au coin du feu, T. Cahu.
147, 148. Un Homme d'Argent (2 v.) par A. Decourcelle.
149. Le Tonnelier de Nuremberg, par A. Hoffmann.
150. La Médecine des Foyers, par le docteur de Buros.
152, 153. La Chasseresse sauvage (2 vol.), par Mayne-Reid.
154. La Fille du Bourreau, par Arnold Mahlinger (voyages).
155. La Drogue, R. Cross-Country.
156. Le Flibustier (voyages), par Arnold Mahlinger.
158, 159. Dans la Prairie (2 vol.), Mayne-Reid.
160, 161. La Captive des Mohawks (2 vol.), par C. de Cendrey.
162, 163. La Marchande de Journaux (2 vol.), par Odysse Barot.
164. L'Amour d'une Reine (Marguerite de Bourgogne), A. Guignery.
165. Péchés militaires, par Richard Cross-Country.
166. Nouveau Secrétaire-Guide des Amoureux. ***
167. Nouvelle Correspondance des Amoureux. ***
168, 169. La Case de l'Oncle Tom (2 vol.), par Beecher-Stowe.
170. Voyage sentimental, Sterne.
171. Têtes de Boche et Casques à pointe, par Marc Mario.
172. Manuel des bons Domestiques (livre des Maîtres).
173. Manuel des Bons Domestiques (livre des Domestiques).
174, 175. Les Amours de la Comtesse du Barry (2 vol.), Laumont et Lucien Hure.
176, 177. L'Enfant d'adoption (2 vol.), par Camille de Cendrey.
178. Le Corsaire, par Byron.

Voir à la page suivante la suite du Catalogue.

JEUNES FILLES MODERNES

— Me marier ! quand j'aurai cinquante ans, oui, je prendrai un mari pour soigner mes rhumatismes.

Suite du Catalogue :

179. L'Habit noir de l'ami Vair, par Delphi Fabrice.
180, 181. Aventures de Gil Blas de Santillane (2 vol.), par Le Sage.
182, 183. Les Crimes d'une courtisane (2 vol.), par N. Blanpain.
184. Les Légendes d'amour, L. Maurecy.
185. Robinson suisse, par R. Wiss.
186. Pas pour les jeunes filles, F. Albinet.
187. Les Marana, par H. de Balzac.
188, 189. Une grande dame empoisonneuse (2 vol.), par N. Blanpain.
190, 191. Héloïse et Abélard (2 vol.), par Raoul Verneuil.
192, 193. Le Rancho de la vallée (2 vol.), Camille de Cendrey.
194. La Vendetta, par H. de Balzac.
195. Flirts Militaires, Cross-Country.
196. Le Colonel Chabert, H. de Balzac.
197. La Fille du Boër, A. Malbinger.
198, 199. Eugénie Grandet (2 vol.), par H. de Balzac.
200, 201. Le lac Ontario (2 vol.), par Fenimore Cooper.
202. Nouvelle Clef des Songes ***.
203, 204. La Fille de la Pêcheuse (2 vol.), Bjornstierne Bjornson.
205, 206. Le Chef Indien (2 vol.), par Fenimore Cooper.
207, 208. Les Chasseurs du Transvaal (2 vol.), par Marc Mario.
209, 210. L'Ecumeur de mer (2 vol.), par Fenimore Cooper.
211, 212. L'Orpheline de Prétoria (2 vol.), par Marc Mario.
213, 214. La Sorcière des Eaux (2 vol.), par Fenimore Cooper.
215. En Bordée ! par Cross-Country.
217, 218. Lohengrin (2 vol.), M. Areel.
219, 229, 253. Contes drolatiques (3 vol.), par H. de Balzac.
220. La chair qui aime, M. de Montifand.
221, 222. Les Chasseurs de scalps (2 vol.), par Mayne-Reid.
223. Petits Romans Comiques, par Robert d'Arc.
224, 225. La Reine des Navajos (2 vol.), par Mayne-Reid.

Les Généraux de la Révolution :
226. Hoche.
247. Marceau.
— Masséna.
— Kléber, par Camille Godeau.
227. Nouvel Oracle des Dames et des Demoiselles. ***
228. Les Épines de l'Amour, par R. Cross-Country.

230. Les Mystères du Parc aux Cerfs.
231. Les Caprices de Louis XV, par Marius Boisson.
232. La Vierge du Makis, P. Tonelli.
Les Conquérants de la Mer (4 vol.) :
233. La Flibuste Sanglante.
234. Les Preneurs de Villes.
237. Les Mangeurs d'Hommes.
238. Le Trésor des Crocodiles, par Guitton et Le Rouge.
235, 236. Le dernier des Mohicans (2 vol.), par Fenimore Cooper.
Les Gaîtés de la Chambrée (5 vol.)
239. Citrouillot au Régiment.
264. Citrouillot Amoureux.
277. Citrouillot ordonnance.
278. Citrouillot est de la Classe.
— Citrouillot réserviste, par Delphi Fabrice.
240. Nouveau Code du Joueur, règle complète des jeux de sociétés.
241, 242. La Fiancée du Huron (2 vol.), par Fenimore Cooper.
243. Contes Pervers, Gaston Derys.
244. Le Roman d'un Bénédictin, par Victor Nadal.
245, 246. La Vierge de la Forêt (2 vol.), par Camille du Cendrey.
248. Nouveaux Secrets du Grand et du Petit Albert.
249, 250. Don Juan (2 vol.), L. Byron.
251, 252. Le Roi des Nuages (2 vol.), par C. de Cendrey.
VIDOCQ, ses exploits, ses aventures (6 volumes) :
254. La Chasse aux Forçats.
255. Les Assassins de Kernilis.
256. La Bohémienne.
257. Le Repaire des Chauffeurs.
260. Une Grande Dame de la Pègre.
261. Le Roi des Policiers, par Marc Mario et L. Launay.
258, 259. Les Colons du Missouri (2 vol.), par C. de Cendrey.
262, 263. Le Courrier de Lyon (2 vol.), par Marc Mario.
Drames et Mystères de l'Inquisition (11 volumes) :
266. Le Prisonnier du Grand-Châtelet.
267. La Bâtarde du Roi.
268. Le Moine qui tue.
269. Le Trésor de Samuel.
270. Les Crimes du Saint-Office.
271. Damnation d'amour.
272. Au nom du Christ.

273. Fanatisme triomphant.
274. Tribunal de sang.
275. La lueur des bûchers.
276. Bourreaux et Martyrs, par Marc Mario et L. Launay.
— Almanach du Troupier pour 1905
279, 280. Drames de la Bastille (2 vol.), par H. Lozeret.
281, 282. Le Sous-Marin « Jules Verne » (2 v.), par Guitton et Le Rouge
— *La Traite des Blanches* (3 vol.).
283. Les Vendeurs de chair.
290. Le Dressage des Blanches.
298. Le trafic des Blanches, par Louis Dugail.
284, 285. Le Corsaire rouge (2 vol.), par Fenimore Cooper.
287, 288. La Mer des Caraïbes (2 vol.), par Fenimore Cooper.
289. La Rafale sanglante, par A. Guignery.
291. La Vengeance du Balafré. —
292. La Cavalière noire. —
295. Le Capitaine Bartholomé. —
296, 297. Les Chasseurs de girafes (2 vol.), par Mayne-Reid.
302, 303. La Famille du Batelier (2 v.), par Camille de Cendrey.

L'Amour à Paris, par M. GORON.
293. Le Chéri de ces Dames.
294. Amoureuses Professionnelles.
298. Les Bénéfices de l'Amour.
300. Le Bétail d'amour.
301. Les Cages du Dépôt.
304. Les Faiseuses d'Anges.
315. Amoureuses de Prêtres.
318. Les Enervés de l'Amour.
319. L'Enfer de Cupidon.
— Une Descente de Garnis.
— Les Tueurs de Filles.
— La Vengeance du Mâle.

Les Mémoires de M. GORON :
305. L'Apprentissage de la Police.
306. La Guillotine.
307. Pranzini et ses Victimes.
308. Soldats assassins.
309. Bêtes en rut.
310. La Jeunesse de Rocambole.
311. La Bande des Habits noirs.
312. Les Indicateurs.
313. Assassins anarchistes.
314. Cadavres anonymes.
316, 317. Les Captifs français (2 vol.), par Camille de Cendrey.
320. Contes drolatiques (4e série), par H. de Balzac.

CONDITIONS D'EXPÉDITION ET DE RÈGLEMENT
(Volumes de la Collection à 20 centimes.)

Envoi franco de chaque volume, au choix, par poste, contre.................. » 30
— 30 volumes, — par colis postal, contre............ 6 »
— 50 — — — .... 10 »
— 100 — — — — .... 20 »

AVIS. — Pour les Colonies et l'Étranger, le port (en sus) est à la charge du Destinataire. Les timbres étrangers ne sont pas acceptés en paiement.

PRIMÉ. — A tout acheteur d'au moins 30 volumes, il est offert, *au choix,* *Contre la somme de* **1 fr. 25** *chacun au lieu de* **3 fr. 50** :

1o **Le Demi-Nu,** splendide album en couleurs, par ARMAND SILVESTRE et L. Le RÉVEREND ;
2o **Les Maîtres du Nu,** suite de magnifiques estampes, par A. VIGNOLA ;
3o **Le Caractère et la Destinée,** révélés par les lignes de la main, par SIOUL YDEUG.

TOUTES LES COMMANDES DOIVENT ÊTRE ADRESSÉES A
La Librairie A. MÉRICANT, 1, rue du Pont-de-Lodi, PARIS (6e).

— Cet idiot-là m'envoie sa photographie ; est-ce qu'il se figure que
c'est avec ça que je vais payer ma couturière ?

— Je vous ai déjà dit, espèce de tourte, de parler à la troisième personne.
— Mais, madame, il n'y a que nous deux !

Le "Viallis" à la main.

Tout le monde sait aujourd'hui quel est l'attrait de la Photographie dite "Stéréoscopique" et personne ne conteste qu'elle présente un intérêt qui dépasse de cent coudées celui de la photographie ordinaire.

Les personnes les plus sceptiques, les plus difficiles à contenter, celles-là même qui se lassaient vite de l'ancienne photographie, la trouvant au bout de quelque temps fastidieuse, se déclarent émerveillées et comme éblouies des résultats qu'elles obtiennent, dès leurs premiers essais, de la **"Photographie Stéréoscopique"**.

Amateurs de clichés instantanés, et partisans de clichés à la pose, s'accordent avec le même ensemble à reconnaître la captivante séduction de la reproduction de l'image en relief ; cela se comprend, car le relief c'est la sensation de la vie, l'illusion de la réalité, la réalité elle-même !

Le "Viallis" sur pied.

Et si, malgré son incontestable supériorité, la **"Photographie Stéréoscopique"** est restée jusqu'à ce jour, si nous pouvons nous exprimer ainsi, comme l'apanage d'une classe de privilégiés, cela tient essentiellement à ce que les appareils stéréoscopiques actuellement existants coûtent les uns et les autres des prix très élevés et presque inabordables.

Pour vulgariser la **"Photographie Stéréoscopique"**, pour la répandre dans le public, il était nécessaire de créer un appareil pratique, ingénieux, d'une précision rigoureuse, et en même temps d'un prix qui fût à la portée de toutes les bourses.

Nous avons travaillé pendant plusieurs années à la solution de ce problème, et nous sommes aujourd'hui heureux de vous faire constater que nos efforts l'ont enfin résolu.

Pour voir les Vues sur verre.

L'Appareil "Stéréoscopique" que nous vous présentons : le **"VIALLIS"**, réunit toutes les qualités des meilleurs appareils stéréoscopiques de prix trois ou quatre fois plus élevé ; il est d'une précision rigoureuse et d'une ingéniosité remarquable, ainsi que vous pourrez vous en rendre compte par la description que nous en donnons ci-après. Il bénéficie en outre des derniers perfectionnements de la science.

Construit par nous, de toutes pièces, dans nos ateliers, nous le livrons nous-mêmes directement au public, sans aucun intermédiaire, et conséquemment sans aucune majoration de prix. Le **"VIALLIS"** se plie et peut se mettre dans la poche. Il est d'un poids et d'un volume insignifiants. Le **"VIALLIS"** est un appareil à transformations multiples, formant et constituant, par une ingénieuse combinaison absolument nouvelle :

3 Appareils distincts
EN UN SEUL
Parfaits sous tous les rapports.

1° L'Appareil Photographique donnant les **Vues stéréoscopiques EN RELIEF**, au format courant 6×13.

2° Le Stéréoscope à mise au point, mieux fait que ce qui se fait de mieux.

3° La Célèbre "JUMELLE MARS"  pliante, dont l'éloge n'est plus à faire, qui se plie et se met dans un porte-cartes :

Elle a 7 millimètres d'épaisseur étant fermée. Ses **OBJECTIFS** achromatiques, en verre d'**IENA FLINT & CROWN**, sont de tout premier ordre et présentent une égale supériorité, tant comme **Objectifs de JUMELLE** que comme **Objectifs PHOTOGRAPHIQUES**.

Pureté, Finesse, Rapidité

La **JUMELLE PLIANTE MARS** s'adapte à la chambre du **"VIALLIS"** par une simple pression.

JAMAIS de VOILE ni coups de jour si fréquents dans tous les Appareils.

POSE et INSTANTANÉ
Grande, moyenne, petite vitesse.

VISEUR commode et très simple.

Mise au point automatique pour groupes, paysages, portraits, intérieurs.

Le **"VIALLIS"** complet est livré dans un **MAGNIFIQUE ÉTUI CUIR DUR** à courroie. Il est accompagné de 6 Châssis métalliques à rideau, d'un **Châssis-Presse** spécial permettant de tirer des diapositifs sur verre, des vues sur papier et des cartes postales illustrées.

Le "VIALLIS"
peut se monter sur n'importe quel pied. Le "Stéréoscope" comme "l'Appareil" peu se monter sur pied ou s'employer à la main.

L'appareil complet est, en un mot, une véritable petite merveille scientifique que nous vous offrons au prix absolument extraordinaire de

96 FRANCS
PRIX DE FABRIQUE
c'est-à-dire moins cher que la plupart des appareils ordinaires que vous pouvez déjà avoir entre les mains et dont vous ne voudrez

Pour voir les Vues sur papier.

plus à aucun prix, lorsque vous aurez essayé le nôtre.

Ce n'est pas tout : nous voulons encore que votre acquisition ne vous gêne en quoi que ce soit, aussi nous vous offrons de confiance

un **Crédit** de **12 Mois**

Vous nous paierez en douze mois, à raison de la modique somme de **8 FRANCS** par mois. Vous serez servis en *toute confiance*, sans que vous ayez absolument **rien à payer d'avance**.

La Jumelle "Mars" fermée.

L'emballage et le port sont gratuits ; les quittances sont présentées par la poste sans frais pour l'acheteur.

Chaque appareil expédié est accompagné d'une *notice explicative* donnant sur la manière de faire fonctionner l'appareil et celle de se servir de la jumelle, des renseignements tellement précis, qu'un enfant de 4 ou 5 ans pourrait opérer lui-même sans le secours d'aucune autre personne.

Comment s'ouvre la Jumelle "Mars".

Nous vous garantissons l'appareil et ses accessoires tels qu'ils sont annoncés.

LÉON BLOCH, Ingénieur, 1, Avenue de la République, PARIS.

Le "Viallis" complet, avec ses Accessoires.

Le "Viallis" fermé. — La Jumelle "Mars" ouverte.

— La baronne Beaupétard m'a dit que votre garçonnière était
un vrai coupe-gorge. Alors, comme j'en ai vraiment trop, je suis
venue voir si vous ne pourriez pas m'en enlever un peu.

— Mais qu'est-ce que j'ai donc bu, pour me réveiller en
chemise au milieu de la rue?

SOCIÉTÉ PARISIENNE D'ÉDITIONS

5, rue de Savoie, PARIS (VIᵉ)

REYMOND (Dr H.-C.).	Physiologie et Évolution de l'**AMOUR SEXUEL** à travers les âges et les races humaines	5 »
CAUFEYNON (Dr)...	**HISTOIRE DE LA FEMME** au point de vue sexuel	4 »
—	**HISTOIRE DE L'HOMME** au point de vue sexuel	4 »
—	**LES VENUS IMPUDIQUES**. La grande prostitution à travers les âges	4 »
ARMORY	**EN DEBAUCHES**, couverture en couleurs, nombreuses illustrations hors texte par l'auteur	3 50
POMMIER (A.)	**NOUVELLES GALANTES**, manuscrit du XVIᵉ siècle, nombreuses illustrations suggestives	4 50
BRINGER (Rodolphe).	**LES GAITES CONJUGALES**, couverture illustrée par Abel Faivre	3 50
CAEN (Henry)	**LA CONFESSION D'UNE FILLE**, couverture illustrée par Jean Tild	3 50
JOZE (Victor)	**LE DEMI-MONDE DES JEUNES FILLES**, couverture illustrée, nombreuses illustrations dans le texte	3 50
—	**L'HOMME A FEMMES**, couverture illustrée, nombreuses illustrations dans le texte.	3 50
KEIM (Albert)	**LA REDEMPTION DE NINI**	3 50
LIANE DE POUGY	**ECCE HOMO** (*D'ici de là*), couverture illustrée en couleurs, représentant le portrait en pied de l'auteur, par Gaston Noury.	3 50
MARTIN (Gabriel)	**MARGARETT**, étude sur les maisons de rendez-vous	3 50
MATHIEX (Paul)	**COUPS DE DESIR**, couverture illustrée.	3 50
—	**LE FRISSON DE LA CHAIR**, couverture illustrée	3 50
—	**BAISERS DEFENDUS**, couverture illustrée.	3 50
—	**LE BONHEUR D'ÊTRE DEUX**, couverture illustrée	3 50
MERKI (Ch.)	**CHONCHON** ou l'Amour expérimental, couverture illustrée	3 50
PERRIN (Paul)	**LA P'TITE THERESE**, couverture illustrée, illustrations suggestives d'Henri Boutet.	3 50
VALBERT (Léon)	**QUO VAD... ROUILLIS** (*Une femme en prime*), couverture illustrée	3 50
—	**LE COMPARTIMENT DES DAMES SEULES**, couverture illustrée	3 50

UN PEU DE POLITIQUE

— Au lieu d'inventer des croix d'honneur, si M. Piot opérait une
réforme du costume et mettait celui-ci à la mode, je crois que la
population augmenterait rapidement.

BONNES À TOUT FAIRE

LA P'TITE BONNE. — Zut ! j'ai encore cassé une potiche à Monsieur,
il va vouloir aller recoller ça dans *ma* chambre — c'est sûr.

TROTTOIRS PARISIENS

— En nous habillant ainsi en fillettes, nous aurons peut-être
plus d'succès.

CHAMPAGNE MERCIER & CIE

ÉPERNAY

— *Encore une coupe, belle enfant, c'est la marque préférée des gour-
mets, elle est de toutes les fêtes.*

A obtenu **22 diplômes** et **42 premières médailles.**

Production annuelle : **Quatre millions de bouteilles.**

Sceaux. — Imprimerie Charaire.

www.ingramcontent.com/pod-product-compliance
Lightning Source LLC
LaVergne TN
LVHW050842200726
843507LV00001B/381